Eugen Reimann

**Untersuchung über die Vorlagen und die Abfassung der**

**goldenen Bulle**

Eugen Reimann

**Untersuchung über die Vorlagen und die Abfassung der goldenen Bulle**

ISBN/EAN: 9783744615495

Hergestellt in Europa, USA, Kanada, Australien, Japan

Cover: Foto ©ninafisch / pixelio.de

Weitere Bücher finden Sie auf **www.hansebooks.com**

# Untersuchung

über die

# Vorlagen und die Abfassung

der

# Goldenen Bulle.

## Inaugural-Dissertation

zur

## Erlangung der philosophischen Doctorwürde

an der

## vereinigten Friedrichs-Universität Halle-Wittenberg

von

## Eugen Reimann

aus

**Hirschberg in Schlesien.**

## Halle a. S.
## 1898.

Meiner lieben Mutter.

# I. Die Vorlagen der Goldenen Bulle.[1])

Der grosse Kampf zwischen geistlicher und weltlicher Gewalt, welcher das Mittelalter in weiter Ausdehnung erfüllt, hatte mit dem Siege des Papsttums geendigt, dessen Anmassungen dadurch aufs höchste gesteigert wurden. Als sie jedoch unter der Regierung Ludwigs des Baiern ihren Höhepunkt erreichten, als alle Verhandlungen mit der Kurie erfolglos blieben, traten endlich die Kurfürsten zu Rense, am 16. Juli 1338, zusammen und beschlossen,[2]) dass der von den Kurfürsten oder ihrer Mehrheit „selbst in Zwietracht" gewählte König der päpstlichen Anerkennung nicht bedürfe, sondern auf Grund seiner Wahl das Recht habe, zu regieren und den Namen „römischer König" zu führen.

Diese zu Rense gefassten Beschlüsse bezeichnen schon einen bedeutenden Fortschritt, bildeten aber noch keine genügende reichsgesetzliche und staatsrechtliche Grundlage zur Sicherung der Königswahlen gegen päpstliche Beeinflussungsversuche; aber es war doch wenigstens der Boden geschaffen, auf welchen zu des Reiches Ehre weitergearbeitet werden konnte. Dies geschah auf dem denkwürdigen Reichstage zu Nürnberg im Jahre 1356, dessen Abschied den allbekannten Namen „Die Goldene Bulle" führt, welche als erstes deutsches Reichsgesetz im grösseren Stile der im fortwährenden Flusse befind-

---

[1]) Die Goldene Bulle wird durchgängig citiert nach dem Texte in „Altmann und Bernheim, Ausgewählte Urkunden zur Erläuterung der Verfassungsgeschichte Deutschlands im Mittelalter." 2. Aufl. Berlin 1895, S. 47—75.

[2]) . . . . quod postquam aliquis a principibus electoribus imperii vel a maiori parte numero eorundem principum etiam in discordia pro rege Romanorum est electus, non indiget nominatione, approbatione, confirmatione, assensu vel auctoritate sedis apostolicae super administratione bonorum et iurium imperii sive titulo regis assumendis . . . . Altmann u. Bernheim, S. 43.

1

lichen Reichsgesetzgebung einen festen Halt geben und
wenigstens in den nächsten Jahrhunderten einen bedeutenden Einfluss auf die Geschichte des heiligen römischen
Reiches ausüben sollte. Diesen Nürnberger Beschlüssen folgte auf dem Hoftage zu Metz, am 25. Dezember 1356, die weitere Veröffentlichung von 8 Kapiteln, welche zusammen mit den
23 Kapiteln der Nürnberger Beschlüsse das ganze unter
dem Namen „Goldene Bulle" bekannte Reichsgesetz
ausmachen. Sein Inhalt ist, nach den einzelnen Ab-
schnitten kurz betrachtet, folgender:

## A. Vorbereitungen zur Wahl.

### 1. Cap.

Der Erzbischof von Mainz ladet im Falle einer be-
vorstehenden Königswahl unter bestimmter Frist zu
derselben ein. Auf der Hin- und Rückreise stehen die
Kurfürsten oder deren Vertreter unter allgemeinem
Geleit.[1] In der Stadt der Wahl, Frankfurt, hat diese
selbst für Ordnung zu sorgen.

---

[1] Bestimmte Fürsten und Landesherren werden noch besonders
zum Geleit verpflichtet, weil durch ihr Gebiet der bequemste Weg für
die Kurfürsten sei, und zwar für
1. Böhmen ;
   a) Über Eger: Nürnberg, Bamberg, Würzburg, Mainz, Hanau
   und wahrscheinlich Rieneck (für Bruneck).
   b) Links vom Main, durch die böhmische Oberpfalz: Stadt und
   Burggrafentum Nürnberg, Wiedheim, Rotenburg, Hohenloh und
   Wertheim.
2. Köln :
   a) Rechts vom Rhein von Westphalen aus : Hessen-Nassau.
   b) Links vom Rhein: Pfalz und Mainz.
3. Trier :
   a) für den südlichen Weg: Sponheim, Veldenz, Wildgrafen und
   Raubgrafen, Pfalz und Mainz.
   b) für den nördlichen Weg: Nassau, Runkel, Westerburg, Diez,
   Limburg, Katzenellenbogen, Eppstein und Falkenstein.
4) Mainz braucht kein Geleit.
5) Kurpfalz braucht nur Mainzer Geleit.
6) Sachsen und Brandenburg.
   Sachsen schliesst sich offenbar an die böhmischen Wege an;
   Brandenburg dagegen kann entweder über Erfurt, wo Mainzer
   Gebiet lag, oder über Mühlhausen, durch Mainz, Hessen, Fulda
   auf Rieneck (offenbar richtiger als das hier genannte Bruneck,

## B. Bestimmungen über die Wahl selbst.

### 2. Cap.

Am Morgen nach der Ankunft der Kurfürsten soll in der Kirche St. Bartholomaei die Messe „vom heiligen Geiste" gesungen werden, worauf alle Kurfürsten in deutscher Sprache einen Eid leisten, dessen Formel mitgeteilt ist und ihnen vom Mainzer Erzbischof gegeben wird. Hierauf hat die Wahl zu erfolgen, bis zu deren Beendigung die Kurfürsten in Frankfurt bleiben müssen. Nach 30tägigen erfolglosen Verhandlungen dürfen die Wähler nur noch Wasser und Brot geniessen. Der durch die Majorität der anwesenden Wähler Gewählte ist König und hat sofort den Kurfürsten ihre Privilegien urkundlich zu bestätigen; doch muss diese Bestätigung nach der Kaiserkrönung wiederholt werden.

Wenn 3 anwesende Kurfürsten oder deren Vertreter einen Vierten aus ihrem Kollegium zum König wählen, so wird diesem, auch wenn er nicht anwesend sein sollte, seine eigene Stimme zugezählt.

### C. Rechte der Kurfürsten.

### 3. Cap.

Sitzordnung der geistlichen Kurfürsten.

Der Erzbischof von Trier sitzt dem Kaiser stets gegenüber. Mainz und Köln ordnen sich so, dass der

---

cf. II. Teil) oder auch über Meissen, Böhmen auf Bamberg zu, worauf ihm die unter Böhmen genannten Gebiete zum Geleite verpflichtet waren.

Sehr richtig bezeichnet die Motive zu dieser ausführlichen Geleitsbestimmung Uhlmann in seiner Abhandlung „König Sigmunds Geleit für Hus und das Geleit im Mittelalter". Hallische Beiträge zur Geschichtsforschung, Heft V., S 58: In seinem Streben, die Königswahl auf eine gesetzliche Grundlage zu stellen, musste Karl auch den Fall vorhersehen und berücksichtigen, dass wegen Streitigkeiten die Kurfürsten sich nicht für gesichert genug halten möchten, um der Einladung des Erzbischofs von Mainz zur Wahl nach Frankfurt ohne Gefahr folgen zu können. Da aber die Erteilung des Geleits von königlicher Seite unmöglich war, indem ja ein neuer König erst gewählt werden sollte, so blieb nur die Massnahme übrig, dass die einzelnen Stände unter Androhung schwerer Strafen gezwungen wurden, den Kurfürsten Geleit zu geben.

betreffende Kurfürst, in dessen Amtsbezirk oder Kanzellariat der König weilt, diesem zur Rechten, der andere zur Linken seinen Platz hat.

## 4. Cap.

**Sitzordnung der weltlichen Kurfürsten, Reihenfolge ihrer Stimmen und ihre Erzämter.**

Nach dem betreffenden geistlichen Kurfürsten sitzen rechts: Die Kurfürsten von Böhmen und der Pfalz, links die von Sachsen und Brandenburg. Bei dem Wahlakt frägt der Erzbischof von Mainz die Stimmen in folgender Reihenfolge ab: Trier, welches das Recht hat, seine Stimmen zuerst abzugeben, Köln welches mit dem Rechte der ersten Krönung des neuen Königs ausgestattet ist; Böhmen, das den ersten Rang unter den Laienkurfürsten einnimmt; sodann Pfalz, Sachsen und Brandenburg. Jetzt erst giebt der Mainzer Kurfürst seine Stimme ab. Bei feierlichen Hoftagen reicht der Kurfürst von Brandenburg dem Könige Wasser zur Handwaschung, Böhmen bringt ihm den ersten Trunk, ist jedoch nicht verpflichtet, sein Amt gekrönt zu verrichten, der Pfalzgraf trägt die erste Speise auf, und der Kurfürst von Sachsen verrichtet Marschallsdienste.

## 5. Cap.

**Die Sonderrechte des Pfalzgrafen und des sächsischen Kurfürsten.**

Falls das Reich vakant ist, hat der Pfalzgraf des Rheins das Reichsvikariat in der Gegend am Rhein und Schwaben, sowie in allen Ländern fränkischen Rechtes, der Kurfürst von Sachsen dagegen in allen Gebieten mit sächsischem Rechte; doch sind sie nicht befugt, Fürsten- und Fahnenlehen zu verleihen, sowie Reichsgut zu entfremden. Auf Klage gegen den König darf nur auf einem Hoftage in dessen Anwesenheit von dem Pfalzgrafen entschieden werden.

## D. Rechte der Kurfürsten im Vergleich mit anderen Fürsten.

### 6. Cap.
### Rang der Kurfürsten.

Bei Hoftagen nehmen die Kurfürsten den ersten Rang vor den übrigen Fürsten ein und der böhmische König vor allen anwesenden Königen.

### 7. Cap.
### Regelung der Erbfolge in den weltlichen Kurfürstentümern.

Die Erbfolge in den weltlichen Kurfürstentümern wird so geregelt, dass die kurfürstliche Macht und Stimme übergeht auf den ältesten, dem Laienstande angehörigen Sohn oder dessen Erstgeborenen. Hat dieser jedoch keine Erben, so folgt der älteste Bruder väterlicherseits auf dieselbe Weise und unter denselben Bedingungen. Ist der Sohn des Erstgeborenen noch unmündig, wofür als Grenze das 18. Lebensjahr festgesetzt wird, so ist der älteste Bruder Vormund.

Ist ein Kurfürstentum erledigt, so hat es der Kaiser zu vergeben; von dieser Bestimmung ist jedoch Böhmen ausgeschlossen, dessen Unterthanen, mit Bestätigung der alten Privilegien, das Recht zugestanden wird, ihren König selbst zu wählen.

### 8. Cap.
### Sonderrechte der böhmischen Unterthanen.

Die böhmischen Unterthanen dürfen weder vor ein fremdes Gericht geladen werden, noch an ein solches gegen das Urteil eines böhmischen Gerichtes appellieren.

### 9. Cap.
### Berggerechtigkeit, Juden- und Zollrecht der Kurfürsten.

Alle Kurfürsten haben Berggerechtigkeit, d. h. sie besitzen alle Bergwerke ihres Gebietes und dürfen in ihrem Lande neue anlegen; ebenso haben sie das Recht, Juden zu halten, und die in ihren Gebieten bestehenden Zölle einzuziehen.

## 10. Cap.
### Verleihung des Münzrechts, sowie des Kaufs- und Erwerbsrechts an alle Kurfürsten.

Böhmen hat das Recht, in seinem Lande allenthalben Gold- und Silbermünzen zu prägen und unumschränktes Kaufs- und Erwerbsrecht von Gütern, welche jedoch in ihrer alten Rechtslage bleiben und die alten Verpflichtungen gegen das Reich zu erfüllen haben. Dieselben Rechte erhalten alle Kurfürsten.

## 11. Cap.
### Verleihung des jus de non evocando an alle Kurfürsten.

Allen Kurfürsten wird das Recht de non evocando verliehen, d. h. ihre Unterthanen dürfen vor kein fremdes Gericht geladen werden. Nur im Falle der Rechtsverweigerung seitens eines kurfürstlichen Gerichtes darf an das kaiserliche Hofgericht appelliert werden.

Zusatz: Dieses Gesetz gilt nur für diejenigen Vasallen und Unterthanen, welche thatsächlich auf kurfürstlichem Gebiet wohnen; andernfalls stehen sie unter der Gerichtsbarkeit der Landesherren, auf dessen Gebiet sie ständigen Wohnsitz haben.

## 12. Cap.
### Jährliche Kurfürstenversammlung.

Um über Missstände im Reiche zu beraten, sollen die Kurfürsten jährlich vier Wochen nach Ostern in einer Reichsstadt zusammenkommen. Als Ort dieser Zusammenkunft wird zunächst Metz bezeichnet; von da an soll die betreffende Stadt vom Kaiser unter Beistimmung der Kurfürsten bestimmt werden. So lange eine solche Versammlung dauert und auf der Hin- und Rückreise stehen die Kurfürsten unter kaiserlichem Geleit. Um die Verhandlungen nicht zu stören, dürfen in dieser Zeit Gelage mit Beteiligung aller Kurfürsten nicht stattfinden.

## 13. Cap.
### Revokation von Privilegien.

Ausnahmslos werden alle, Privilegien, welche den
kurfürstlichen Rechten zuwiderlaufen, aufgehoben.

## E. Allgemeine Bestimmungen.

## 14. Cap.
### Über Lehnsaufsagungen.

Lehen dürfen nicht plötzlich aufgesagt und dann
sofort in Besitz genommen werden. Die Aufsage muss
mit Übertragung des Lehens geschehen, sodass dem
Lehnsherrn kein Schaden entsteht. Wer hiergegen
handelt, verliert seine Lehen, verfällt der Infamie und
darf nie wieder mit einem Lehen belehnt werden.

## 15. Cap.
### Über Verschwörungen.

Alle unerlaubten Verschwörungen und Vereinigungen,
innerhalb und ausserhalb der Städte, oder zwischen
Person und Person, sowie zwischen Person und Stadt
unter dem Vorwande der Verwandschaft oder der Aufnahme zu Bürgern, sowie die Bündnisse, welche Städte
und Lehnsleute ohne Erlaubnis und namentliche Ausnahme
ihrer Herren abgeschlossen haben, und die den alten
Gesetzen widersprechen, werden verboten, mit Ausnahme
der notorischen Landfriedensbündnisse. Als Strafe für
die einzelne Person wird ausser der gesetzlichen Strafe
zehn Pfund Gold, für die Städte hundert Pfund Gold,
sowie der Verlust aller Freiheiten und Privilegien festgesetzt. Von der Strafsumme gehört die Hälfte dem
Fiskus, die andere Hälfte dem geschädigten Landesherren.

## 16. Cap.
### Über Pfahlbürger.

Wer von den fürstlichen Unterthanen in die Stadt
zieht, hat nur Recht auf den Genuss der städtischen
Privilegien, wenn er daselbst auch seinen ständigen
Wohnsitz aufschlägt und an den städtischen Lasten
teilnimmt; sonst bleibt das Anrecht des Landesherrn auf.

seine Person bestehen. Alle Pfahlbürger sind innerhalb Monatsfrist nach Bekanntmachung dieses Gesetzes zu entlassen, bei einer Strafe von 100 Mark reinen Goldes.

## 17. Cap.
### Über Fehdeansagungen.

Alle Fehdeansagungen müssen drei Tage vor Beginn der Feindseligkeiten entweder persönlich oder an dem gewöhnlichen Wohnorte des zu Befehdenden vor Zeugen vor sich gehen. Wer dagegen verstösst, verfällt der Infamie. Ebenso werden alle ungerechten Streitigkeiten, Räubereien, sowie die Erhebung ungebührlicher Steuern und Geleitsgelder verboten.

## 18. und 19. Cap.

Diese beiden Kapitel bringen die in Cap. I, § 15 versprochenen Formulare für die Einladung zur Wahl und für das Prokuratorium der kurfürstlichen Bevollmächtigten.

## F. Nachträge.

Den Charakter von Nachträgen haben die letzten vier Kapitel der Nürnberger Gesetze. Zunächst erfolgt eine Ergänzung zum 7. Cap., indem nämlich im 20. Cap. die unbedingte Zusammengehörigkeit des Kurlandes und der Kurstimmen auf's entschiedenste betont wird. Sodann folgen noch einige ceremonielle Vorschriften und zwar zunächst in Cap. 21 über die Ordnung der Kurfürsten bei öffentlichen Aufzügen. Wenn nämlich die kaiserlichen Insignien vor dem Kaiser getragen werden, soll der Erzbischof von Trier vor demselben und zwischen beiden der Träger der Insignien einhergehen; ohne Verwendung der Insignien soll der Erzbischof direkt vor dem Kaiser oder König einherschreiten, und die Erzbischöfe von Mainz und Köln haben nach der im 3. Cap. gegebenen Ordnung die rechte und die linke Seite desselben einzunehmen. Das 22. Cap. enthält die entsprechenden Anordnungen für die weltlichen Kurfürsten. Sachsen mit dem Reichsschwert hat seinen Platz unmittelbar vor dem König, also zwischen diesem und dem Erzbischof von Trier, der Pfalzgraf mit dem Reichsapfel zur Rechten und der Kurfürst von Brandenburg mit dem Scepter zur Linken, während der König von Böhmen unmittelbar dem Kaiser und König nachfolgt. Diefe Bestimmungen enthalten also einen Nachtrag zu Cap. 3 und 4.

Das 23. Cap. enthält die Reihenfolge, in welcher die geistlichen Kurfürsten bei der Messe und der Benediktion bei Tische auftreten sollen, wobei als Massstab ihrer Würdigkeit die Zeit ihrer Amtsdauer aufgestellt wird.

Diesen im Hauptteil der Goldenen Bulle enthaltenen Bestimmungen werden in den am 25. Dezember 1356 zu Metz publizierten Beschlüssen mancherlei Ergänzungen beigegeben, Nach einer kurzen Überschrift über die Veröffentlichung dieser Gesetze folgt im Cap. 24 die Festsetzung der Strafe für die Verletzung der Kurfürsten, welche als Teile des kaiserlichen Leibes bezeichnet werden. Sie zu verletzen gilt als crimen laesae maiestatis und wird demgemäss an dem Übelthäter mit dem Tode bestraft; seine Familie wird mit Confiskation aller Güter heimgesucht, wobei nur den Frauen und Töchtern die falcidia aus den Gütern der Mutter zugestanden wird. Die Söhne werden für unfähig erklärt, irgend welche Erbschaften anzutreten; schon die blosse Verwendung anderer für sie trägt die Infamie zur Folge. Gegen den Schuldigen darf auch noch nach seinem Tode das Verfahren eröffnet werden, wobei auch Sklaven gegen ihre Herren auf der Folter verhört werden sollen.

Im 25. Cap. erfolgt eine Ergänzung zum 7. Cap. In klaren Worten wird die Unteilbarkeit der Kurlande betont; auch werden die Bestimmungen über die Erbfolge dahin erweitert, dass Ausnahmen von Cap. 7 dann eintreten dürfen, wenn der Erstgeborene irrsinnig oder sonst mit einem sichtbaren Gebrechen behaftet sei, welches ihn zum Regenten unfähig mache. In diesem Falle soll der zweite Sohn oder der sonst nächstälteste männliche Spross, und bei dem Fehlen von Söhnen der nächste Blutsverwandte väterlicherseits folgen. Die Versorgung der übrigen Geschwister wird dem Gutdünken des regierenden Kurfürsten überlassen, jedoch mit dem ausdrücklichen Verbot einer Teilung der Kurlande zu diesem Zwecke. Die nun folgenden Kapitel 26—29 enthalten genaue Bestimmungen über das Ceremoniell bei feierlichen Hoftagen und bieten so zum Teil Wiederholungen, zum Teil Ergänzungen des in Cap. 3, 4, 21—24 enthaltenen Stoffes.

Die alte Gewohnheit, in Frankfurt die Wahl, in Aachen die erste Krönung und in Nürnberg den ersten Hoftag abzuhalten, wird Cap. 29 Reichsgesetz, von dessen Erfüllung nur ein gesetzlich berechtigtes Hinderniss (legitimum impedimentum) entbindet.

Das 30. Cap. bringt dann die Gebühren, welche bei Belehnungen an die Hofbeamten zu entrichten sind, und von deren Zahlung nur die Kurfürsten als die höchsten Reichsbeamten ausgeschlossen werden. Die übrigen Fürsten haben jedoch für die Belehnung eine Gebühr von 63 Mark Silbers und einen Vierdung zu entrichten, deren Verteilung unter die einzelnen Hofbeamten genau festgesetzt wird. Das Tier, auf welchem der zu Belehnende reitet, gebührt dem Herzog von Sachsen, falls er persönlich anwesend ist; andernfalls geht es in den Besitz des Vizemarschalls von Papenheim oder in dessen Abwesenheit in den des kaiserlichen oder königlichen Hofmarschalls über. Das letzte, 31. Cap., bildet eine Bestimmung über die sprachliche Ausbildung der jungen Kurprinzen, welche vom 7.—14. Lebensjahre ausser in der deutschen, auch in der italischen und slavischen Sprache ausgebildet werden sollen, sei es im Ausland oder durch geeignete Lehrer in der Heimat.

So ergiebt sich also, dass der Vorwurf einer ordnungslosen Zusammenstellung der einzelnen Bestimmungen ungerechtfertigt sein würde; denn unzweifelhaft zeigt sich in grossen Zügen eine gewisse Zweckmässigkeit der Anordnung, ohne dass diese freilich den Anforderungen unserer Zeit genügte. Der ganze Inhalt sei in Kürze dispositionsartig zusammengestellt:

# I. Teil.

## Die Nürnberger Beschlüsse.

### Prooemium.

A. Vorbereitungen zur Wahl. 1. Cap.
B. Bestimmungen über die Wahl selbst. 2. Cap.
C. Rechte der Kurfürsten. Cap. 3—5.
D. Rechte der Kurfürsten im Vergleich mit anderen Fürsten. Cap. 6—13.
E. Allgemeine Bestimmungen. Cap. 14—17.
　Anhang; 2 Formulare Cap. 18 und 19.
F. Nachträge. Cap. 20—23.

## II. Teil.

## Die Metzer Gesetze.

### Cap. 24—31.

A. Staatsrechtliche Bestimmungen. Cap. 24 und 25.
B. Ceremonielle Bestimmungen. Cap. 26—29.
C. Gebühren für die Reichs- und Hofbeamten bei Belehnungen. Cap. 30.
　Anhang: Bestimmungen über die sprachliche Ausbildung des Kurprinzen. Cap. 31.

Über die Herkunft des in der Goldenen Bulle enthaltenen Stoffes giebt diese selbst an mehreren Stellen Auskunft, indem sie sich auf Gewohnheit und Herkommen, sowie auf alte Privilegien bezieht (Cap. II. 4, IV. 2, V. 2, VII. 2, VIII. 1, IX., X., XI., XV., XXVII. 5, XXIX. 1). In der That nimmt sie ältere gesetzliche Bestimmungen, wie sie teils in deutschen Gesetzeskodifikationen, teils aber auch in Gesetzessammlungen fremden Ursprunges vorhanden sind, in sich auf; sodann erhebt sie aber auch einige einzelne Gesetze, sowie von früheren Kaisern verliehene Privilegien zu Reichsgesetzen. Der Lauf der folgenden Untersuchung soll dazu dienen, dies im Einzelnen durchzuführen.

Die feierliche Einleitung der Goldenen Bulle beginnt
mit 14 lateinischen Hexametern, von denen der grösste
Teil wörtlich einem theologischen Gedicht, dem carmen
paschale des Caelius Sedulius,[1] eines christlichen Dichters
des 5. Jahrhunderts, entnommen sind. Der folgende
Prosatext enthält den Gedanken, dass jedes in sich ge-
spaltene Reich zusammenbreche und klingt in seinem
Wortlaut „nam principes eius facti sunt socii furum" an
eine Stelle in Lupold von Bebenburg's Klagegedicht
über den Zustand des deutschen Reiches an:

Nam quamplures nobiles Germaniae nunc patenter
. . . . . . . . . . . . . . . . . . . . . . . . . . . . .
heu infideles facti sunt fures et raptores.[2]

Indessen ist der Gedankengang dieses Proömiums
ein ganz anderer, als er in diesen Versen liegt, und
überdies steht ein dem Text unseres Gesetzes viel näher
kommender Gedanke in einer böhmischen Urkunde
Karls IV.,[3] welche in der arenga folgenden Satz enthält:
Nam sicut ex divisione regnorum calamitates exsurgunt
. . . . . . (cf. Goldene Bulle: Omne regnum in se ipsum
divisum desolabitur), und so scheint der Gedanke an die

[1] Caelius Sedulius in Migne, Patrologia Latina XIX. S. 558 und
559. Vers 1 und 2 der Einleitung entsprechen wörtlich Vers 60 und
61 des carmen paschale, sodann 8b—14 den Versen 53b—59, nur hat
Migne „per latices", cf auch Konrad Burdach, „zur Kenntnis altdeutscher
Handschriften und zur Geschichte altdeutscher Litteratur und Kunst"
(Teil II. die Kanzlei und die Anfänge der Renaissance) Centralblatt für
Bibliothekswesen, 1891 S. 645. Die hier ausgesprochene Behauptung,
der ganze Zuschnitt der Einleitung sei als ein Zeichen der anhebenden
Renaissance zu betrachten, ist wohl kaum haltbar. Derartige Personi-
fikationen menschlicher Leidenschaften, wie sie das Proömium der Goldenen
Bulle enthält, finden sich schon früher cf. Burchardi et Cuonradi Chronicon
Urspergensium, in usum schol. ed. Pertz 1884 S. 59 und 60. Venit
autem cum eisdem regibus omnium incentiva malorum, filia diaboli,
potentissima regina inferni Discordia et sedit in medio eorum cum
sorore sua primogenita macilenta et lividia, Invidia scilicet et tam ipsos
reges quam etiam totam christianorum exercitum in diversas voluntates
et actiones distraxit.

[2] Böhmer, Fontes rerum Germanicarum I, S. 482, Vers 100 und 103·
cf. Friedjung, Kaiser Karl IV. und sein Antheil am geistigen Leben
seiner Zeit S. 87 und 88.

[3] Olenschlager, Neue Erläuterung der Goldenen Bulle, U. B.
No. 27, S. 74.

Gefahren, welche einem Reiche durch Zersplitterung und
Lockerung seiner Glieder drohen, zu den öfter angewendeten
Formeln für die Einleitung wichtiger staatsrechtlicher
Urkunden zu gehören. Im übrigen liegen
meist biblische Motive vor,[1] welche in phantastisch-
bilderreicher Weise verarbeitet sind.

Was nun die Vorlagen zum eigentlichen Text betrifft,
so finden sich, wie schon oben gesagt, einige
Stücke fremden Rechtes verwendet, und zwar sei hier in
erster Linie das römische Recht angeführt, welches dem
Cap. 24 zu Grunde liegt. Dieses Capitel enthält die
Strafbestimmungen für die Verletzung der Kurfürsten,
wofür der Inhalt von Cod. Justinien IX. 8 lex 5 u. 6
verwendet wird, nämlich das Gesetz ad legem Juliam
Majestatis. Dieses Gesetz ist zum Schutz des consistorium
principis erlassen und beginnt folgendermassen:

Quisquis cum militibus vel privatis barbaris etiam
scelestam . . . . factionem inierit sacramentum vel
dederit, de nece etiam virorum illustrium, qui consistorio
intersunt, senatorum etiam, (nam et ipsi pars corporis
nostri sunt) cuiuslibet postremo, qui nobis militat cogitarit
(eadem enim severitate voluntatem sceleris, quam effectum
puniri jura voluerunt) ipse quidem utpote maiestatis reus
gladio feriatur, bonis eius omnibus fisco nostro additis.

Von hier an bis § 10 des 24. Cap. geht dieses
Gesetz wörtlich in den Text der Goldenen Bulle über;
von § 11 an beginnt die lex 6 mit einigen geringfügigen
Änderungen. Sonst tritt das römische Recht als unmittelbare Grundlage nicht mehr auf.[2]

Neben diesen Fragmenten aus dem Cod. Justin.
haben einige Bestimmungen aus dem kanonischen Rechte
Verwendung gefunden, und zwar solche Partien, welche

---

[1] Siehe Harnack, Geschichte des Kurfürstenkollegiums bis zur
Mitte des 14. Jahrhunderts, S. 141, Anmerkung 4.

[2] Die wenigen Worte in Cap. 19: „quod non sit melior condicio
occupantis" sind zwar römische Rechtsregel, (cf. Jacoby, die Goldene
Bulle Kaiser Karls IV. Ein Beitrag zur Staatsrechtsgeschichte des
Mittelalters, in der Zeitschrift für die gesamte Staatswissenschaft Band XIII.
Tübingen), kommen jedoch schon in anderen Prokuratorien vor. (cf.
das am Ende dieses Teiles angeführte Prok.), sodass sie nicht als
bewusste, unmittelbare Citation des römischen Rechtes gelten können.

sich mit der Papstwahl beschäftigen. Es lag ja auch ausserordentlich nahe, für die Wahl der höchsten weltlichen Macht die nützlichsten Vorschriften aus den päpstlichen Wahlbestimmungen zu benützen. So hat hier das Wahldekret Georgs X.[2]) Eingang gefunden und zwar im Cap. 2, § 3 der Goldenen Bulle, wo sich Massregeln finden, durch welche eine allzugrosse Länge der Wahlverhandlungen verhindert werden soll. Die betreffende Stelle des päpstlichen Dekrets lautet folgendermassen:

Verum si, quod absit, infra tres dies, postquam, ut praedicitur, conclave iidem cardinales intraverint, non fuerit ipsi ecclesiae de pastore provisum, per spatium quinque dierum immediate sequencium singulis diebus tam in prandio quam in coena uno solo ferculo sint contenti; quibus, provisione non facta, decursis extunc tantum modo panis, vinum et aqua ministrentur eisdem, donec eadem provisio subsequatur . . . . . .

Der weitere Wortlaut des Dekrets klingt noch an einigen anderen Stellen der Goldenen Bulle durch und hat mit grösster Wahrscheinlichkeit Verwendug gefunden. So heisst es weiter:

Sane si aliquis ex praedictis cardinalibus conclave praedictum, ut supra exprimitur, non intraverit, aut intrans absque manifesta causa infirmitatis exierit, ipso minime requisito nec in eiusdem electionis negotio ulterius admittendo, per alios ad eligendum summum pontificem libere procedatur.

Dieser Passus, nach welchem derjenige, welcher sich vor Beendigung der Wahl vom Wahlort entfernt, sein Stimmrecht verliert, erinnert an das 1. Cap. § 18 der Goldenen Bulle, worin dasselbe demjenigen Kurfürsten angedroht wird, welcher vorzeitig, ohne Bevollmächtigte gestellt zu haben, Frankfurt verlässt. Auch die Anordnung für den Fall, dass ein Kurfürst verspätet zur Wahl einträfe, scheint ihre Grundlagen im päpstlichen Wahldekret zu haben, wie eine Nebeneinanderstellung beider Bestimmungen beweist:

---

*) Sexti Decretal. Lib. I., Tit. III. des kanonischen Rechtes.

Goldene Bulle II, 4.

Sique per tempus aliquod morari, abesse et tardari contingeret aliquem de electoribus seu nunciis antedictis, dum tamen veniret, antequam praedicta esset electio celebrata, hunc ad electionem ipsam in eo statu admitti debere decernimus, in quo ipsa adventus sui tempore consistebat.

Sexti Decretal. Lib. I, Tit. III, § 1.

Sed si ad post sanitatem sibi redditam seu ante redire voluerit, vel etiam si alii absentes, quos per decem dies diximus exspectandos, supervenerint re integra, videlicet antequam eidem ecclesiae sit de pastore provisum, in eodem negotio in illo statu, in quo ipsum invenerint, admittantur.

Damit ist jedoch die Benützung des kanonischen Rechtes noch nicht beendet; wie nämlich die Bürger der Stadt Frankfurt eidlich verpflichtet werden, keinen Fremden während der Wahl in der Stadt zu dulden, überhaupt die Ordnung in der Stadt aufrecht zu erhalten, so findet sich auch am Schluss der Verordnung Gregors X. eine ähnliche Bestimmung:

. . . . . sancimus, ut domini aliique rectores et officiales civitatis illius, in qua Romani pontificis electio fuerit celebranda auctoritate nostra et eiusdem approbatione concilii potestate sibi tradita, praemissa omnia et singula plene ac inviolabiliter sine fraude ac dolo aliquo faciant observari nec cardinales ultra quam praemittitur arctare praesumant. Super his autem taliter observandis statim audito summi pontificis obitu coram clero et populo universo civitatis ipsius ad hoc specialiter convocandis praestent corporaliter juramentum. Quodsi praemissa diligenter non observaverint aut fraudem in eis vel circa ea commiserint, cuiuscunque sint praeeminentia, conditionis aut status, omni cassante privilegio eo ipso sententiam excommunicationis incurrant et perpetuo sint infames nec unquam eis portae dignitatis pateant nec ad aliquod publicum officium admittantur. Ipsos insuper feudis et bonis ceteris, quae ab eadem Romana ecclesia vel quibuslibet aliis ecclesiis obtinent, ipso facto decernimus privatos.

Civitas vero praedicta non solum sit interdicto supposita,
sed et pontificali dignitate privata.

. Da nun die ersten, vorher angeführten Partien des
kanonischen Wahlgesetzes ohne Zweifel in mehr oder
weniger veränderter Form in unserem Reichsgesetz Aufnahme gefunden haben, der Verfasser also das päpstliche Dekret zweifellos vor sich gehabt haben muss, so
lässt es sich nicht als unwahrscheinlich annehmen, dass
die im 1. Cap. § 19 und 20 der Goldenen Bulle gegebenen
Bestimmungen im Geiste und Sinne der päpstlichen Anordnungen getroffen sind, zumal es an Berührungspunkten
nicht fehlt (z. B. der Eid der Bürger und vor allem die
angedrohten Strafen, welche mutatis mutandis mit den
in der Goldenen Bulle angeordneten die allergrösste
Ähnlichkeit zeigen.)

So hat sich also ergeben, dass aus fremden
Rechtsquellen nur der Codex Justin. IV., 8, lex
5 u. 6, sowie aus dem kanonischen Rechte jenes
gregorianische Wahldekret teils wörtlich aufgenommen, teils als Muster verwendet worden
sind, und es entsteht die Frage, wieweit das deutsche
Recht als Grundlage herangezogen worden ist.

Dem deutschen Volke mangelte es nicht an Gesetzen, sondern seinen Gesetzen, der rechtlichen Arbeit
vieler Jahrhunderte, fehlte es lange Zeit an Sammlungen
in Bücherform und somit an umfangreicher Verbreitung.
So bestand lange der Zustand eines schwankenden Gewohnheitsrechtes, wobei sehr viel verloren gegangen ist.
Erst etwa ein Jahrhundert vor der Abfassung der Goldenen
Bulle erhielt das deutsche Volk in dem sogenannten
„Sachsenspiegel" des Eicke von Repkow ein Rechtsbuch,
welches bald mehrere Bearbeitungen erlebte, zu denen
auch der sogenannte Schwabenspiegel gehört. Beide
Rechtsbücher behandeln nun, das eine weniger, das
andere ausführlicher die Königswahlen und einige andere,
in der Goldenen Bulle berührte Materien. Es entsteht
also für die Untersuchung die Aufgabe, nachzuweisen,
welches von beiden als Grundlage angesehen werden muss.
Von vornherein wichtig ist hierbei die Frage, welche
Stellung nahm Karl IV. zu dem sächsischen Rechtsbuch

ein; denn darin herrscht ziemliche Übereinstimmung, dass das neue Reichsgesetz im Sinne des Kaisers verfasst ist und von ihm Weisungen und Anordnungen ausgegangen sind. Interessant für seine Stellung zum Volksrecht und speziell zum Sachsenspiegel ist eine Nachricht in der Magdeburger Schöppenchronik vom Jahre 1359.¹) Es handelt sich um eine Streitigkeit der Stadt Magdeburg mit dem Herzog Rudolf II. von Sachsen, welche die genannte Stadt veranlasste, zwei Deputierte nach Mainz zu schicken, wo sie den Kaiser erwarten sollten. Nach seiner Ankunft gelang es ihnen nach mancherlei Schwierigkeiten vorgelassen zu werden. Als nun Hermann von Öbisfelde, der eine von den Deputierten, zu reden anfing, äusserte sich Karl, „he vorneme sin nicht", obwohl, wie der Chronist hinzufügt, er ihn doch früher in Wittenberg verstanden habe. Nach mancherlei gegenseitigen, erst in lateinischer, dann in deutscher Sprache geführten Reden, sagen die Gesandten: „wi sint boden: wat wie seen und horen und wat uns weddervart, dat mote wi na segen den, de uns heben utgesant, und beden, dat he de stadt to Magdeborch leit bi sulkem rechte, als den Sassen were gegeven vor siner tid. des sprak de keiser, he kerde sik an nein recht, wenn wat sine vorsten in sinem hove funden, dat scholde bliven.

Jedenfalls beweisen diese Worte, dass Karl dem Sachsenspiegel fernstand und ihn nicht anerkennen wollte, und in der That ist die Wahltheorie der Goldenen Bulle durchaus nicht identisch mit derjenigen des sächsischen Landrechtes, welche nur sechs Stimmen (Mainz, Trier, Köln, Rheinpfalz, Sachsen und Brandenburg) hat, welche den Reichsmundschenk, den König von Böhmen ausschliesst und den Nachdruck auf die Vorwahl der übrigen Fürsten legt.²) Diese alte Art und

---

¹) Die Chroniken der deutschen Städte vom 14—16 Jahrhundert. Leipzig 1869. Band 7, S. 228.

²) sint kiesen des rikes vorsten alle, papen unde leien Die to'me ersten an'me kore genant sin, die ne solen nicht kiesen na iren mntwillen, wenne swen die vorsten alle to koninge erwelt, den solen sie allererst Li namen kiesen (nämlich „sie", die Kurfürsten). Sächsisches Landrecht III, 2 ed. Homeyer.

Weise der Wahl existiert nicht mehr für die Goldene
Bulle, welche sich vielmehr an das jüngere Gesetzbuch,
den Schwabenspiegel anlehnt.[1]) Der Text desselben
möge es beweisen:
Alse man einen künic kiesen wil, daz sol man tun
ze Frankenfurt Cap. 108.
Weiterbildung der Goldenen Bulle ist es, wenn sie
die Wahl ein für allemal in der Bartholomäuskirche vor
sich gehen lässt. Besonders wichtig und beweisend ist
aber das 109. Kapitel des Schwabenspiegels:

Wer den künic kiesen sol.
§ 1. Den künic suln dri pfaffen fürsten und
vier leien fürsten kiesen. Der bischof von Magenze
ist kanzler ze tiutschen Landen, der hat die ersten stimme
an der kur. Der bischof von Triere ist kanzler über
daz künicreich Arel, der hat die andern stimme an der
kur. Der bischof von Kölne der ist kanzler ze Lamparten,
und hat die dritten stimme an der kur. Daz sint driu
fürsten ampt, diu hörent ze der kur. Under den leien
fürsten so hat der phalenzgrafe von Rine die ersten
stimmen an der kur; der ist des Reiches truhsäze,
und er sol dem künige die ersten schüzzeln
tragen. Der herzoge von Sahsen hat die andern
stimme an der kur under den leien; der ist des küniges
marschalc, und sol dem künige sin swert tragen.
Der marcgrave von Brandenburg, der hat die dritten
stimme an der kur und ist des riches kamerer und
sol dem künige wazzer geben. Der herzoge von
Beyern hat die vierden stimme an der kur, und ist des
riches schenke, und sol dem künige den ersten becher
tragen. Dise vier suln tiutsche man sin von vater und
von muter oder von eintwederme.
§ 2. Und swenne si wellent kiesen, so suln
sie gebieten ein gespraeche hin ze Frankenfurt.
Daz sol der bischof von Magenze gebieten bi dem
banne und der phalenzgrave von dem Rine bi der
aehte. Si suln dargebieten ir gesellen ze dem gespraeche,

---

[1]) Der Schwabenspiegel ist durchgängig nach Gengler, Erlangen
1853, citiert.

di mit in da welent, und der andern fürsten als vil si
der gehaben mugen. **Darumbe ist der fürsten ungerade gesetzet: ob vier an einen vallen und dri
an den andern, so sol ie diu minner menge der
merern volgen. Daz ist an aller kur reht.**

§ 3. Ê daz die fürsten kiesen, so suln sie
uf den heiligen sweren, daz sie durch liebe, noch
durch leide, noch durch gutes miete, daz in geheizen oder gegeben si, noch durch nicht enwelen,
daz gevaerde heize, wan als in ir gut gewizzen
sage. Swer anders welt, wan als an diesem buche
stet, der tut wider got und wider reht. Und wird ir
einer dar nach überreit, als reht ist, daz er gut dar
umbe habe gelobet ze nemen oder hat genomen: daz
ist symonie. Der hat sine kur verloren und sol si
nimer mer gewinnen und ist da zu meineide.

In diesem Kapitel des Schwabenspiegels findet sich
mit nur geringen Modifikationen fast die ganze Ordnung
der Königswahl, wie sie die Goldene Bulle enthält; zunächst das Einladungsrecht des Mainzer Erzbischofs, der
Wahltag in Frankfurt, die Siebenzahl der Wähler, wenn
auch hier der Herzog von Baiern als Wähler und
Mundschenk angeführt wird, weil der Schwabenspiegel
in einer Zeit abgefasst ist, in welcher Böhmen dieser
Vorrechte beraubt war. Aber der Kernpunkt des Kapitels
liegt in den Worten: „Darum ist der Fürsten Zahl
ungerade gesetzet: wenn vier an einen fallen und drei
an den andern, so soll die mindere Zahl der grösseren
folgen." Hierin liegt das wichtige Prinzip der Majoritäts-
wahl, während der Sachsenspiegel noch die Einstimmig-
keit der Wahl erfordert. Auch der Eid vor der Wahl
erinnert, namentlich in seinen Schlussworten ausserordentlich an den Wortlaut des im 2. Cap. § 2 der Goldenen
Bulle enthaltenen Schwures der Kurfürsten.

So hat sich mit Sicherheit erwiesen, dass der
Schwabenspiegel als Vorlage für jenen ersten wichtigen
Abschnitt der Goldenen Bulle, soweit er die Wahl be-
handelt, zu betrachten ist. Es ergiebt sich bei weiterer
Untersuchung, dass sein Inhalt noch öfter in den Nürn-
berger Beschlüssen Verwendung gefunden hat.

2*

Im 5. Cap. der Goldenen Bulle wird ausdrücklich betont, dass nur der König Fürsten- und Fahnenlehen verleihen dürfe; denselben Nachdruck legt der Schwabenspiegel darauf, in dessen 110. Kapitel sich folgende Bestimmungen finden:

§ 1. Des riches fürsten suln dcheinen herren han, von dem si lehen haben, der ein leic si, wan der künic. Und sint si dcheines leien man wan des küniges, so mugen si mit rehte niht fürsten gesin.

§ 2.' Es ist dchein vanlehen, davon ein man fürste müge gesin, er emphahe ez mit seiner hant von dem künige. Swaz ein man von dem romischen künige emphahet, und swer ez danne von deinselben emphahet, der ist nicht der vorderste an dem lehen. Da von mac er niht ein fürste gcheizen.

§ 4. Der keiser sol lihen allen geistlichen fürsten ir recht mit dem zepter und allen weltlichen fürsten mit dem vanen.

So vertritt der Schwabenspiegel den Grundsatz, dass fürstliche Gewalt und Macht nur von der höchsten fürstlichen Gewalt im Reiche, dem Kaiser, verliehen werden können und erklärt jede Verleihung solcher Lehen, welche nicht durch den Kaiser geschieht, für kraftlos. Diesen für die Stärkung der kaiserlichen Gewalt so wichtigen Satz verfehlte Karl IV. natürlich nicht in sein neues Gesetz aufzunehmen; denn dadurch war dem Kaisertum eine gewaltige Waffe gegen die Fürsten in die Hand gedrückt. Ja es lag sogar die Möglichkeit nahe, dass der Kaiser und König bei seinem Verfügungsrecht über die Fürstenlehen diese für sich selbst behielte und somit eine Machtstellung eingenommen hätte, welche für das Reich eine Wohlthat, den Fürsten jedoch ein Dorn im Auge gewesen wäre. Diese Gefahr war namentlich dann für die Fürsten ungeheuer, wenn zufällig während der Regierung eines Kaisers mehrere Kurfürstentümer erledigt wurden; behielt sie der Kaiser, was allerdings nur ein sehr kraftvoller Regent hätte wagen dürfen, so war sein Einfluss im Reiche der herrschende. Deshalb wird denn auch in der Goldenen Bulle angeordnet, dass der Kaiser erledigte Kurfürstentümer versorgen, d. h. verleihen solle (tunc imperator seu rex Romanorum, qui pro tempore fuerit, de ipso providere debebit et poterit. Cap. 7 § 2.) Viel deutlicher und schärfer drückt sich hierüber der Schwabenspiegel aus, durch dessen Autorität diese Bestimmung offenbar Aufnahme in die Nürnberger Beschlüsse gefunden hat. Cap. 111. Der künic sol dehein vanlehen in siner gewalt haben; er solz hin lihen.

Cap. 100. Der künic sol mit rehte diser herschefte (nämlich Lehen mit Fürstenämtern) dcheine in siner gewalt han iar und tac; er sol si hin lihen. Und tut er des niht, daz klagen die Herren und anders, daz in gebrist, dem phalenzgrafen von dem Rine; wan der ist ze rehte richter über den künic, und davon hat die phalenz vil eren.

Hier wird also, im Falle seitens des Kaisers mit der Belehnung zu lange gezögert wird, der Pfalzgraf als die Instanz hingestellt, bei welcher Klagen hierüber und über alle anderen Dinge gegen die Krone erhoben werden können. Dies geschieht nicht nur an dieser Stelle; auch Cap. 109,2 heisst es, falls sich der König unerlaubter Mittel zu seiner Wahl bediene: und wirt der künig derselben schulde überkommen, so ist er ze unrehte an dem riche. Da sol man in umb beklagen vor dem phalenzgrafen von dem Rine.

Auch die Goldene Bulle hat sich der Autorität des älteren Rechtsbuches nicht entziehen können und diese Bestimmung im 5. Cap. § 2 aufgenommen; aber dieses Recht der Klage gegen den Kaiser vor dem Pfalzgrafen erfährt dadurch eine bedeutende Schwächung, dass solche Anklagen nur in persönlicher Gegenwart des Königs auf einem Hoftage zu geschehen haben, wodurch der ganze Prozess an das nach Belieben erfolgende Erscheinen des Königs geknüpft ist.

Wenn es sich die Goldene Bulle ferner zur Aufgabe macht, die Kurfürstentümer vor unheilvoller Zersplitterung zu bewahren und dies dadurch zu erreichen sucht, dass Kurstimme und Kurland untrennbar mit einander vereint und eine Teilung des Landes streng verboten wird, so folgt sie hierin dem Schwabenspiegel, welcher die Fürstentümer als nur an einen Träger verleihbar hinstellt. Cap. 100. Man mag mit rehte ein fürsten ampt zweien mannen niht gelihen. Geschihet ez aber, ir deweder mac mit rehte niht davon ein fürste gesin, noch ein fürste geheizen. Also enmac man weder marcgraveschaft noch phalenzgraveschaft noch graveschaft. Und wer diu teilet, so hant si ir namen verloren.

Noch zu erwähnen ist auch, dass der Mündigkeitstermin der jungen kurfürstlichen Erbprinzen, wie ihn die Goldene Bulle giebt (18 Jahre), mit einer Stelle des Schwabenspiegels übereinstimmte; nämlich im 44. Cap. § 2 heisst es: Als ein man kumpt ze achtzehn iaren, so hat er sine volle tage.

Es ergiebt sich also aus dem Vorhergehenden, dass die Bestimmungen des Schwabenspiegels im weitesten Umfange in die Goldene Bulle aufgenommen sind nnd zwar gerade in denjenigen Kapiteln, welche den Schwerpunkt der Nürnberger Gesetze bilden, nämlich die Königswahl und die Unteilbarkeit der Kurlande und Erzämter. Dieses Verhältnis der Goldenen Bulle zu dem deutschen Recht ist nicht ohne Bedeutung für die im 2. Teil der Untersuchung behandelte Frage nach ihrem Verfasser. Es bleibt nur noch übrig zu untersuchen, wieviel von der älteren Reichsgesetzgebung in der Goldenen Bulle Verwendung gefunden haben mag. Hierfür kommen diejenigen Bestimmungen in Betracht, welche für die Aufrechterhaltung des Landfriedens erlassen sind, also besonders Cap. 12 - 17 der Nürnberger Beschlüsse. Dabei möge das geringe urkundliche Material jüngerer Zeit für diesen Gegenstand mit herangezogen werden.

Die obengenannten Kapitel behandeln alte Krebsschäden des Mittelalters, nämlich das Fehdewesen, die Konspirationen und das Pfahlbürgertum.

Die Fehde war ein unausrottbares Übel, und so begnügte man sich damit, wenigstens eine gewisse Ordnung in diese Unordnung hineinzubringen. Zuerst auf dem Reichstage zu Nürnberg,[1] am 29. Dezember 1186,

---

[1] M. G. 4° Leges Sect. IV, Tom. I. S. 451 § 17.

wurde das Gesetz erlassen, das sich mit fast unverändertem Wortlaut durch alle folgenden Zeiten bis in die Goldene Bulle hinein gehalten hat. Es lautet nämlich:

Statuimus etiam et eodem firmiter edicto sancimus, ut quicunque alii dampnum facere aut ipsum laedere intendat, tribus ad minus ante diebus per certum nuntium suum diffiduciet eum. Quodsi laesus diffiduciatum se fuisse negare voluerit, nuntius idem, si vivus est, juret, quod contradixerit ei ex parte domini sui, loco et tempore designato. Si mortuus est nuntius, juret dominus, junctis sibi duobus veracibus viris, quod contradixerit ei, ne dolo mediante de fide violata quis possit inculpari.[1]

Die constitutio Heinrici regis,[2] gegeben am 11. Februar 1234 zu Frankfurt, giebt noch den ausdrücklichen Befehl, dass innerhalb der drei Tage, welche von der Ansage bis zum angekündigten Fehdetermin zu vergehen haben, unbedingte Ruhe gehalten werde, und ein Gesetz vom 15. August 1235[3] fügt noch als Strafe für den Zuwiderhandelnden hinzu: perpetuo pene subjaceat, quod dicitur „erenlos unde rehtlos", was dem Wortlaut der Goldenen Bulle „infamiam eo ipso incurrat" und der Bezeichnung eines solchen Übelthäters als proditor ziemlich gleichkommt. Diese drei Gesetze bilden den Grundstock aller nun folgenden Bestimmungen[4] und ihr Inhalt hat im 17. Cap. der Nürnberger Beschlüsse, wenn auch in anderer Form, Verwendung gefunden.

Eine andere Klage, welche auf fast allen Reichstagen wiederkehrte, war die Beschwerde der Fürsten über das Pfahlbürgertum, und seit dem Wormser Reichstage vom Jahre 1231 häufen sich die Edikte der Kaiser gegen dieses Unwesen, ohne jedoch Wandel zu schaffen.

---

[1] Wiederholt ist das Gesetz in der sogen. treuga Heinrici (1224): §·10. Quicunque alterius inimicus exstiterit et ipsum defidare voluerit, tribus diebus antequam nocumenta sibi procuret, denuntiet; alioquin et pacis et fidei violator habebitur. Leges Sectio IV, Tom. II. S. 400.

[2] . . . . ut tunc uterque pacem ab altero per predictum terminum habebit, alioquin per sententiam proscribatur. Leges Sect IV, Tom. II, S. 429 § 10.

[3] Leges Sect. IV, Tom. II, S. 243, § 6.

[4] M. G. Leges (ed. Pertz 1837) II, S. 433, 437, 449, 574.

Die Bestimmungen des Nürnberger Hoftages vom Jahre
1303 besagen:[1])

Wir gepieten auch, dass man die pfalburger allent-
halben lass; wir wellen in unseren steten ir keinen haben.
Besonders übereinstimmend mit dem Text und
Inhalt der Goldenen Bulle ist aber folgender Passus:

Und dann setzen wir und gepieten, wer ain purger
well sein und purgerrecht well haben, dass er summer
und winter pawlich und hablich in der stat seye,
oder man sol in nicht für ein purger haben.

Dasselbe besagt ein lateinisches Privileg vom
28. November 1308,[2]) welches die Bestimmung enthält,
dass die in die Städte aufgenommenen Personen nicht
als wahre Bürger gelten sollten, „nisi in eisdem locis,
sicut veri cives vel burgenses facere solent et debent,
residentiam continuam faciant mansionem".

Auch nach dem 16. Cap. der Nürnberger Gesetze
sollen nur diejenigen als Bürger angesehen werden,
welche „darem foventes et continue et vere ac non ficte
residentiam facientes" sind. Die Bedingung eines festen
Wohnsitzes in der betreffenden Stadt ist bereits eine
stehende geworden, während die Goldene Bulle noch
weiter geht, indem sie noch zur Teilnahme an den
städtischen Lasten verpflichtet (municipalia subeant
munera in eisdem.[3])

Den dritten Punkt dieser Vorschriften zur Erhaltung
des Landfriedens bildet das Verbot aller Konspirationen,
welches ebenso, wie die Bestimmungen über die Pfahlbürger, besonders die Städte traf. Gerade sie begannen
in jenen Zeiten ihre Macht zu fühlen, und ihre Landesherren hatten einen schweren Stand mit ihnen. Für
das hier vorliegende Gebot scheint als Grundlage der
§ 6 der constitutio pacis zu dienen, welche im Jahre 1158
zu Roncalia erlassen wurde.[1]) Dieses Gesetz hat für das

---

[1]) Leges (ed Pertz) II, S. 482.

[2]) Wencker, Dissertatio super Pfalburgeris 1698, S. 62 u. 63.

[3]) Die früheren Pfahlbürgerbestimmungen waren nur ganze kurze
Verbote cf. das oben citierte Reichsfriedensgesetz vom August 1236:
Precipimus ut phalburgeri in omnibus civitalibus tam in nostris quam
aliorum cessent et removeantur omnino.

[1]) M. G. 4° Leges Sect IV., Tom. I, S. 246, § 6.

Mittelalter eine Art klassische Gültigkeit dadurch erlangt, dass es in das Longobardische Lehnsrecht[1]) aufgenommen worden ist, welches eine wesentliche Grundlage des Lehnsrechtes überhaupt bildete und daher sicher auch den Räten Karls IV. bekannt war. Der Teil dieses Gesetzes, welcher dem 15. Cap. der Goldenen Bulle zu Grunde liegt, lautet folgendermassen:

Conventicula quoque et omnes coniurationes in civitatibus et extra etiam occasione parentelae, inter civitatem et civitatem et inter personam et personam sive inter civitatem et personam omnibus modis fieri prohibemus et in praeteritum factas cassamus singulis coniuratorum pena unius librae auri percellendis.

Besonders scheint sich die Bildung von derartigen Bündnissen am Rheine gezeigt zu haben, und wir besitzen ein ausführliches Verbot Karls IV. zu Gunsten des Kölner Erzbischofs,[2]) welches mancherlei Ähnlichkeiten mit dem 15. Cap. der Goldenen Bulle enthält.

Es möge daher hier auszugsweise folgen:

Nos . . . interdicimus universis et singulis dicti Archiepiscopi et successorum eius subditis et districcius auctoritate praesentium inhibemus, ne conspirationes, confederationes aut ligas inter se aut cum aliquibus civitatum, oppidorum seu villarum et castellorum universitatibus vel cum quibusvis aliis personis singularibus cuinscunque dignitatis, status vel cognitionis existant, facere vel inire audeant quomodolibet aut praesumant, quodque nullum ducem etc. . . . . . . in suum concivem, burgensem aut oppidanum recipiant quomodolibet vel assumant absque dicti archiepiscopi , . . . . . consensu et licentia speciali. Cassamus nihilominus universas et singulas conspirationes, confederationes et ligas, necnon civium, burgensium vel opidanorum receptiones iam factas ipsasque auctoritate regia irritamus et viribus vacuamus et in posterum faciendas utpote praedicto

---

[1]) Das Langobardische Lehnsrecht. (Handschriften, Textentwicklung, ältester Text und Vulgattext nebst den capitula extraordinaria) von Karl Lehmann, Göttingen 1896. Vulgata II, Tit. 53 ,S. 177,'ff.)
[2]) Vom 18. Dezember 1353. Huber, Reg. Karoli IV. No 1688. Lacomblet, Urkundenbuch zur Geschichte des Niederrheins. III, S. 496.

archiepiscopo et ecclesiae dampnosas decernimus irritas
et inanes. Et si contra hanc inhibitionem praedicti
archiepiscopi . . . . subditi supradicti aliquas conspirationes, confederationes seu ligas vel civium burgensium
vel opidanorum receptiones fecerint in futurum aut
prioribus insistere praesumpserint absque ipsius Archiepiscopi . . . . . licentia supradicta, statuimus et volumus,
ut extunc talia committere praesumentes proscriptione
et banno nostro subjaceant ipso facto . . . . . ., si
quis autem contrafacere praesumpserit, ultra id, quod
quaelibet attempta decrevimus et esse volumus ipso facto
cassa et irrita, indignationem nostram regiam et poenam
quinquaginta marcarum puri auri se noverit incurrisse,
quarum medietatem fisco nostro regio, resi-
duum vero iniuriam passis volumus irremisi-
biliter applicari.

Vergleicht man dieses Privilegium mit der vorhin
erwähnten constitutio pacis, so nähert sie sich schon
mehr den Bestimmungen der Goldenen Bulle, indem
auch sie aufs schärfste betont, dass die geschlossenen
Bündnisse etc. wenigstens die Erlaubnis des betreffenden
Landesherrn haben müssen, während die constitutio dieselben „omnibus modis" verbietet. Die Goldene Bulle als
Reichsgesetz muss natürlich noch allgemeiner gehalten
sein, und so ist es nur natürlich, dass sie der wichtigen
Landfriedensbündnisse im günstigen Sinne gedenkt und
sie bis auf weiteres bestehen lässt. Beiden, sowohl dem
Privileg des Kölner Erzbischofs, wie der Goldenen Bulle,
ist gemeinsam die Verteilung der Strafgelder zur Hälfte
an den kaiserlichen Fiskus und zur Hälfte an den Ge-
schädigten. Da dieses Privilegium nur 3 Jahre vor der
Publikation der Goldenen Bulle erlassen ist und in den
Grundzügen diejenigen Bestimmungen jenes 15. Kapitels
der Nürnberger Beschlüsse enthält, welche über das
Longobardische Lehnsrecht hinausgehen (nämlich die
Erlaubnis der Landesherren und die Verteilung der
Strafgelder), so kann man wohl mit Recht annehmen,
dass es gleichfalls als Vorlage für das 15. Cap. der
Goldenen Bulle gedient hat.

Wenn sich also im Laufe der Untersuchung ergeben
hat, dass für diejenigen Abschnitte der Goldenen Bulle,

welche die Wahl behandeln oder allgemeine Bestimmungen
enthalten, frühere Gesetzeskodifikationen und einzelne
Teile der alten Reichsgesetzgebung verwendet worden
sind, so bleibt noch die Frage zu erledigen, auf welche
Bestimmungen sich die kurfürstlichen Rechte, wie sie
unser Reichsgesetz enthält, zurückführen lassen. Hierin
finden sich nämlich einige Abweichungen gegen frühere
Gewohnheiten, wie sie z. B. im Schwabenspiegel enthalten sind (Kurrecht Böhmens, andere Reihenfolge der
Abstimmung etc.), und es wird im ganzen die Ent-
wicklungsstufe der kurfürstlichen Rechte fixiert, welche
kurz vor der Entstehung der Goldenen Bulle liegt.

Diese hierher gehörigen Bestimmungen sind in der
Abwägung persönlicher Vorrechte ein Meisterwerk;
überall tritt das Bestreben hervor, dem ganzen kurfürstlichen Kollegium und in diesem wiederum jedem einzelnen
Gliede eine möglichst würdige Stellung zu verleihen.
Die sieben Wähler werden aus der Zahl der übrigen
Fürsten herausgehoben und nehmen den ersten Rang
unter ihnen ein. Wird nun weiter dem Mainzer
Erzbischof das hohe Ehrenamt, die Wahl zu leiten, zu-
erkannt, so wird Trier dadurch geehrt, dass es von
allen Wählern sein Wahlrecht zuerst ausüben darf, und
sein Platz sich bei allen Hoffesten dem kaiserlichen
Throne gegenüber befindet. Köln erhält das Vorrecht
der ersten Krönung und giebt damit dem politischen
Akte der Wahl die nach den Anschauungen des Mittelalters unentbehrliche kirchliche Weihe. Unter den weltlichen Kurfürsten nimmt natürlich der Böhme als ge-
kröntes Haupt den ersten Rang ein; er folgt unmittelbar
auf den Kaiser und König, wie dies auch bei feierlichen
Aufzügen zum Ausdruck kommt, bei denen er, ohne
irgend ein Abzeichen der kaiserlichen Gewalt zu tragen,
unmittelbar hinter jenem einherschreitet. In der Reihenfolge jedoch, in welcher die Erzämter ausgeübt werden,
steht er an letzter Stelle. (Cap. 27, 4.) Wird dem Pfalzgrafen und dem Kurfürsten von Sachsen hohes Ansehen
verliehen durch ihre Stellung als Reichsvikare, so wird
Brandenburg in der Ausübung seines Erzamtes insofern
bevorzugt, als es in der Bedienung der Person des
Kaisers die erste Stelle erhält. Überall tritt also deutlich

die Absicht hervor, Ungleichheiten in den persönlichen
Rechten, der einzelnen Kurfürsten auf irgend welche
Art und Weise auszugleichen, soweit dies eben bei den
zum Teil schon feststehenden Einzelrechten noch möglich
war, und so bleibt denn der vorliegenden Untersuchung
noch die Aufgabe, festzustellen, wieweit solche einzelnen
Fürsten und Landesteilen verliehene Privilegien in der
Goldenen Bulle Aufnahme gefunden haben. Es empfiehlt
sich hierbei, die einzelnen Kurstimmen, soweit sie in
Betracht kommen, der Reihe nach durchzugehen.

Unter allen Kurfürstentümern tritt Böhmen am
meisten hervor; dass es überhaupt in die Reihe der
Stimmberechtigten aufgenommen ist, geschieht in Anerkennung der Urkunde Rudolfs von Habsburg, vom
26. September 1290,[1]) welche (im Auszuge) folgendermassen lautet:

Rudolphus Dei gratia Romanorum rex . . . . . .
principum, baronum, nobilium et procerum Imperii nec
non veteranorum communi assertione et concordi testimonio comperimus assonante, ipsum regem Bohemiae
Imperii debere Pincernam existere et ius ac officium
Pincernatus apud eum necnon eius heredes jure hereditario
residere.

Exstitit etiam dilucide declaratum, praedictum regem
Boemiae et suos heredes in electione regis Romanorum
futuri Imperatoris cum ceteris electoribus habere, debere,
ad similitudinem aliorum electorum elegendi plenitu-
dinem ac vocem, haec vero jura pincernatus et electoratus
nedum dicto regi et suis heredibus didicimus competere,
sed etiam suis progenitoribus abavis, atavis, proavis et
avis jure plenissimo competebant.

Volentes itaque dicti regis et heredum suorum dis-
pendiis cavere, jus et officium pincernatus in Imperio
sibi et heredibus eius et non alii competere et in electione
regis Romanorum futuri Imperatoris habere jus et vocem,
clare recognoscimus, approbamus et praesentium testimonio profitemur.[2])

---

[1]) Erben, Regesta Bohemiae II, 1515
[2]) Dieselbe Urkunde wurde von Karl IV. am 7. April 1348 zu
Prag bestätigte Reg. Karoli IV, No. 646 u 647.

So wird durch diese Urkunde der König vou
Böhmen für alle früheren und zukünftigen Zeiten als
Kurfürst und Mundschenk anerkannt. Für die Ausübung dieses seines Erzamtes bestehen noch besondere
Privilegien, welche in der Goldenen Bulle Cap. 4, § 2
aufgenommen sind, und welche vom König Albrecht I.
an Wenzel IV. von Böhmen verliehen wurden. In diesem
Privilegium,¹) welches am 17. November 1298 in Nürnberg urkundlich ausgestellt wurde, heisst es folgendermassen :

..... Eapropter scire vos faciamus tenore praesentium potestamur, quod licet illustres reges Bohemiae,
dum rogati vel per reges vel Imperatores Romanorum,
eos ad solemnem eorum curiam venire contingit, praedictis rege vel Imperatore coronam regalem gestantibus,
cum eisdem et eis praesentibus corona regia uti possint,
non tamen in corona regia debent praedicti
reges Bohemiae praedictis, regi vel imperatori
ministrare in officio Pincernatus.

Quod autem magnificus Wenceslaus, Rex Bohemiae,
Princeps et frater Noster charissimus nobis apud
Nuremberg in solemni nostra curia ....
sedentibus in Corona coronatus ad preces
nostras ministravit in officio Pincernatus, hoc
non de jure, sed ex mera dilectione, quam ad
nostram gerit personam, tum cum fecisse di-
cimus, et ad serviendum sive ministrandum in
eodem officio sub Corona regia nobis vel
successoribus nostris, Regibus vel Imperatoribus
Romanorum praedictum Regem et omnes successores
suos, reges Bohemiae, testamur et volumus de
cetero non teneri, nec aliquid eis exinde praejudicium
generari.

Mit voller Schärfe wird hier das Recht des böhmischen Königs, sein Erzamt ungekrönt ausüben zu
dürfen, zum Ausdruck gebracht, und um ja kein praejudicium daraus entstehen zu lassen, wird sogar die eine
Ausnahme auf dem Hoftage zu Nürnberg 1298 als „ex mera
dilectione", nicht etwa als „de jure" geschehen hingestellt.

¹) Erben, Reg. Bohemiae II, 1821.

Im übrigen registriert die Goldene Bulle die rechtliche Stellung Böhmens in der Gestalt, die es durch das am Krönungsfeste Karls IV. erlassene Privileg[1] erhalten hatte. Hier wird das Münz- und Bergrecht festgesetzt, und das Gebot der Unteilbarkeit und Unveräusserlichkeit der böhmischdn Lande ausgesprochen.[2]

Zu den bedeutendsten Privilegien dieses Landes gehört auch das jus de non evocando et de non appellando, welches in den Nürnberger Gesetzen des 8. Cap. bildet. Auch diese Vergünstigung, welche Böhmen fast gänzlich vom Reiche lostrennt, hat ihre Vorlage in der eben angeführten Urkunde, in welcher als höchste richterliche Instanz für jeden böhmischen Unterthan die „illustrium regum Bohemiae camera" hingestellt wird. Es wird sogar eine Strafe von 40 Mark reinen Goldes bestimmt, welche jeden treffen soll, der einen böhmischen Unterthan an auswärtige Gerichte citiert, oder wer als Böhme sich selbst unter fremdes Gericht stellt. Die Goldene Bulle erklärt jedoch nur alle Urteile auswärtiger Gerichte über böhmische Unterthanen für kraftlos und ungültig.

Das wichtigste Vorrecht Böhmens, welches unser Reichsgesetz enthält, ist entschieden das in Cap. 7 § 2 enthaltene jus electionis Bohemiae. Es frägt sich jedoch, was die Goldene Bulle darunter versteht; ob sie damit meint, dass die Wahl eine völlig freie sei, dass also der von den Böhmen gewählte König keinerlei Bestätigung des Kaisers bedürfe, oder nicht. Die Antwort auf diese Frage muss aus dem Zusatz gezogen werden: facienda (electio) juxta continentiam eorundem privilegiorum et observatam consuetudinem diuturnam a divis Romanorum imperatoribus sive regibus obtentorum. Was darunter

---

[1] Olenschlager, Neue Erläuterung, U. B. No. 27.

[2] Merkwürdig ist es, dass die Majestas Carolina, selbst für Böhmen, in der Goldenen Bulle gar nicht verwendet worden ist. Nur wenige Anklänge finden sich, z. B. im Cap. XV. der Maj. Carol : Veritate testante omne regnum in se divisum nemo ambigit desolari. (cf. Das Prooemium der Goldenen Bulle: Omne regnum in se ipsum divisum desolabitur.) Die Überschrift von Cap. XXXIII. de conspiratoribus (cf. Cap. XV. der Goldenen Bulle: de conspirationibus), aber gerade der Inhalt dieses XXXIII. Cap. beweist durch seine gänzlich abweichende Behandlung dieses Stoffes, dass dieses Gesetz bei der Abfassung der Goldenen Bulle nicht benützt worden ist.

zu verstehen ist, zeigt die Urkunde Karls IV. vom
7. April 1348,[1]) welche den eingerückten Brief Friedrichs II.
vom 26. September 1212 bestätigt und diesen dabei
grösstenteils wörtlich mitteilt. In dieser Urkunde wird
nun die Königswahl folgendermassen berührt:

Inde est quod nos attendentes praeclarae devotionis
obsequia, quae universa Boemiae gens ab antiquo tempore Romano exhibuit imperio tam fideliter quam devote,
et quod illustris rex eorum Ottacharus a primo inter alios
principes specialiter prae ceteris in Imperatorem nos
elegit, ac nostrae electionis perseveranciae diligenter et
utiliter astitit, sicut dilectus patruus noster piae memoriae
rex Philippus omnium principum habito consilio per
suum privilegium constituit, ipsum regem constituimus
et confirmamus et tam sanctam et dignam constitucionem
approbamus Regnumque Boemiae liberaliter et absque
omni pecuniae exactione et consueta curia nostra justitia
sibi suisque successorribus imperpetuum concedimus,
volentes, ut quicunque ab ipsis in regem electus
fuerit, ad nos vel successores nostros acce-
dat regalia debito more recepturus.

Hier wird also gefordert, dass der neugewählte
König sich vom Kaiser die Regalien holen solle, womit
ein wenn auch schwaches Bestätigungsrecht gegeben ist.
Diese ganze Urkunde Friedrichs II. zeigt ein merk-
würdiges Gepräge; sie spricht von einer unbekannten
sancta et digna constitucio des Königs Philipp und
ferner stehen mit ihr im innern Widerspruch die Aus-
drücke der Konfirmationsurkunde Friedrichs II. für
Wenzel I. vom Jahre 1216. Hier heisst es folgendermassen:[2])

Notum esse volumus, quod misso ad praesentiam
nostram Benedicto venerabili Archidiacono Belinensi
exposuerunt celsitudini nostrae dilecti fideles nostri
Henricus Marchio Moraviae et universitas Magnatum
Boemiae: quod communi voluntate et assensu dilecti
nostri Odacrii, illustris regis Boemiae, elegerunt in regem
eorum Venzeslaum, filum ipsius Regis Boemiae primo-

---

[1]) Reg. Karoli IV. No. 643. Codex Moraviae 7, 555.
[2]) Lünig, Reichsarchiv VI., Continuatio S. 5.

32

genitum, propter quod Majestati nostrae attentius supplicarunt, ut electionem ipsius Venzeslai ratam haberemus et firmam et eidem nostrum benignum impertiremur adsensum.

Während also oben nach der Wahl von einem „in regem electus" die Rede ist, der sich nur die Regalien zu holen hat, erfolgt hier eine unterthänige Bitte um Bestätigung und Gültigkeitserklärung der Wahl ohne Berufung auf irgend welches Privileg. Ganz hiermit übereinstimmend lautet nun auch die Approbation: de solita gratia nostra et consilio principum et Magnatum Imperii electionem praefatam ratam habemus et firmam, et concedimus eidem Venceslao totum, Regnum Bohemiae cum terminis et omne jure et honore ac rationibus eidem regno pertinentibus. Mithin ergiebt sich, dass die angeführte Urkunde Friedrichs II. vom 26. September 1212 als im höchsten Grade verdächtig und unwahrscheinlich zu betrachten ist.

Karl IV. selbst beschränkte das Wahlrecht Böhmens nnr auf den Fall, dass das ganze königliche Geschlecht ausgestorben sei.[1]) Hierdurch wird die Möglichkeit einer Wahl viel seltener, als sie vorher war. Bestehen bleibt jedoch die Vorschrift, dass der Neugewählte sich bei dem Kaiser einfinde, um die Regalien zu erlangen. Mithin ist die Bestimmung der Goldenen Bulle so zu verstehen, dass im Falle des Aussterbens der königlichen Familie eine Wahl stattfindet und der Gewählte bei dem Kaiser um die Regalien einzukommen hat.

Durch die etwas unklare Ausdrucksweise der Goldenen Bulle erreichte Karl IV. sehr viel; denn aus der Verbindung des Wahlrechts mit der Gültigkeitserklärung der früheren Privilegien ergeben sich äusserst wichtige Folgerungen. Böhmen erhält nicht durch kaiserlichen Machtspruch, sondern durch die Wahl der eigenen Unterthanen seinen neuen König; diese Wahl findet aber nur

---

[1]) in casu dumtaxat et eventu, quibus de genealogia progenie vel semine aut prosapia regali Boemiae masculus vel femella superstes legitimos, quod deus avertat, nullus fuerit oriundus vel per quemcunque alium modum vacare. Karoli IV. Reg. No. 648.

statt, wenn vom königlichen Geschlecht weder ein
männlicher, noch ein weiblicher legitimer Spross vorhanden ist: also sanktioniert die Goldene Bulle
stillschweigend die weibliche Erbfolge im
Königreich Böhmen.

Von den übrigen beiden weltlichen Kurfürsten weist
meines Erachtens nur Sachsen Privilegien und Urkunden
auf, welche teils persönlich gehalten, teils als Vorlagen
für die Rechte aller Kurfürsten, wie sie die Goldene
Bulle enthält, zu betrachten sind.

Rein persönlich für den jedesmaligen sächsischen
Kurfürsten ist, das Weistum vom 6. Dezember 1355,[1])
nach welchem die Pferde, welche von den Fürsten auf
dem Ritt zu ihrer Belehnung benützt werden, dem Erz-
marschall zukommen. Der in Frage kommende Wortlaut ist folgender:

des habin wir uns ervaren und sin gewest worden
von den kuerfuersten und von andern fuersten und von
vil erbarn herrn grefen und fryen und duecht uns ouch
selbe reht sin und sprechin fuer eyn reht, daz die
egenanden roz oder pferde[2]) nymand anders
sullen sin dann unsirs ocheims des hochgeboren
fuersten hertzoge Rudolfs von Sahsen oder
sines undertans, wanne er des heligen Romischen
richs oberigster marschall ist und hat auch
daz von dem Romischen rych zu lehen, mit
vrkuende ditz brives gebin under unsirm insigel zu
Nuernberg an sand Nicolaus dag, do man zalt von
Cristes gepuert druetzehn huendert jare darnach in dem
fuenfe und fuemftzigsten jare.

Dieses Weistum ist aufgenommen im Cap. 30, § 4
der Goldenen Bulle, welcher lautet: Dum autem princeps
aliquis equo vel alteri bestie insidens feuda sua ab
imperatore recipiet vel rege, equus ille seu bestia,
cujuscunque specici sit, debetur superiori mareschallo,
id est duci Saxonie, si presens affuerit, alioquin illi de
Papenheim eius vicemareschallo aut illo absente imperialis
sive regalis curie mareschallo.

---

[1]) Harnack, Kurfürstenkollegium S. 251 u. 52.
[2]) Nämlich die „roz oder pferde, da die fuersten ire lehen uffe
empfahen.“

Die wichtigere aber von den sächsischen Urkunden ist das Privileg vom 24. August 1355,[1]) in welchem Herzog Rudolf von Sachsen-Wittenberg als Kurfürst anerkannt und die Erbfolge geregelt wird. Diese Bestimmungen über die Erbfolge lauten folgendermassen:

so lutern, kunden und urteilen wir mit Romischer keisirlicher mechte vollenkommenheit, daz der egenante unsir lieber oheim herczog Rudolf und niemand andirs als ein herczoge zu Sachsen und obrister marschalk des heiligen reichs ein rechter elichir kurfurste ist und das ym die stimme und kuer an der wal eyns Romischen kunigs eyns kunftigen keyser bekompt u n d n a c h s e i n e m t o d e s e i n e m erstbornen sune und ob an dem i c h t geschehe, so gehort dieselbe kur und stimme zu desselben sunes erstebornen sune; het er abir nicht erben, so gevellet und erbet die stimme an den eldesten bruder in rechter absteiginder vetirlicher linien und uff desselben erstebornen sun und in sulchir schicht furbas ewecli chin.

Diese Bestimmungen, welche hier für Sachsen gegeben sind, werden im 7. Cap. der Goldenen Bulle auf alle Kurfürsten weltlichen Standes mit einigen ergänzenden Zusätzen angewendet. (Vormundschaft, Mündigkeit, Zusatz, dass der Erbe dem Laienstande angehören solle.[2])

Das Resultat ist also folgendes: Böhmen wird in die Reihe der Stimmberechtigten aufgenommen in Anerkennung der Urkunde Rudolfs v. Habsburg vom 26. September 1290; das Vorrecht, ungekrönt sein Erzamt ausüben zu dürfen, beruht auf dem Privileg Albrechts I

---

[1]) Theodor Lindner, „Die Goldene Bulle und ihre Originalausfertigungen" in den „Mitteilungen des Instituts für österreichische Geschäftsforschung". Band V, S. 118—20. Diese Urkunde ist in der That die Grundlage für die lateinische Urkunde gleichen Inhalts vom 6. Oktober, welche eine fast wörtliche Übersetzung des angeführten deutschen Privilegs ist.

[2]) Das von Harnack in der oben genannten Schrift S. 252—255 erwälnte Privileg vom 29. Dezember 1355 schliesst sich noch enger an den Text der Goldenen Bulle an, kommt aber als Vorlage nicht in Betracht, da es offenbar erst nach der Abfassung der Goldenen Bulle entstanden ist.

vom 17. Nov. 1298; sonst entspricht die rechtliche Stellung Böhmens dem am Krönungsfeste
Karls IV. gegebenen Privileg, mit Ausnahme
der Rönigswahl, welcher die Urkunde Karls IV.
vom 7. Aprtl 1348 zu Grunde liegt. Das Anrecht Sachsens auf das Tier, welches ein Fürst
bei seiner Belehnung reitet, beruht auf dem
Weistum vom 6. Dezember 1355 und das am
24. August 1355 zu Gunsten Rudolfs von Sachsen-
Wittenberg erlassene Privileg enthält Bestimmungen über die Erbfolge, welche im
7. Cap. der Goldenen Bulle für alle weltlichen
Kurfürstentümer aufgenommen sind.

Bei den drei geistlichen Kurfürsten fällt sofort auf,
dass die alte Ordnung der Abstimmung, wie sie der
Schwabenspiegel bietet, durchbrochen ist; dort hat der
Mainzer Erzbischof die erste Stimme an der Kur (Cap.
109, § 1), hier jedoch, im 4. Cap. der Goldenen Bulle,
steht Trier an der Spitze, während der Mainzer Erzbischof das Amt erhält, die Stimmen abzufragen, worauf
er als letzter sein Votum abgiebt. Diese Veränderung
in der Reihenfolge könnte den Anschein erwecken, dass
die Mainzer Stimme in ihrem Werte beeinträchtigt
worden sei; bei genauerer Betrachtung ergiebt sich
jedoch, dass dies keineswegs der Fall ist. Die Bedeutung
der ersten Stimme ist ja lediglich formalen Charakters,
während die letzte Stimme bei Majoritätswahlen einen
hohen materiellen Wert besitzt; denn in allen den Fällen,
bei welchen nach Abgabe der übrigen Stimmen die
Stimmengleichheit eintrat, gab Mainz den Ausschlag.
Mithin war durch diese Änderung in der Reihenfolge
der Mainzer Erzbischof durchaus nicht geschädigt,
sondern der Wert seiner Stimme wurde erhöht, da für
viele Fälle die Entscheidung in seine Hand gelegt war.

Diese Verschiebung geht zurück auf eine Urkunde
Karls IV. vom 5. Januar 1354,[1] worin er Balduin von

---

[1] Reg. Karoli IV. No, 1789, Dominicus, Baldewin v. Trier S. 690.
extr. Der im Cap. 4, § 2 der Goldenen Bulle vorkommende Satz: „cui
(nämlich dem Erzbischof v. Trier) primam vocem competere declaramus,
sicut invenimus hactenus competisse" enthält eine offene Unwahrheit.
Vergl. die Urkunde, in welcher Albrecht I., Gerhardt II. von Mainz

*)

Trier die erste Stimme bei der Königswahl und allen
Reichsgeschäften unter Androhung einer Strafe von
100 Mark gegen jeden, der dagegen aufträte, zuspricht.
Auch sonst finden sich Stellen in den kurtrierischen
Privilegien, welche an die Goldene Bulle anklingen, z. B.
die Bestätigung des jus de non evocando:

Item . . . . concedimus . . . . ., ut nemo vasallorum,
ministerialum, castrensium, civium, oppidanorum, hominum
aut subditorum suorum . . . . . ad judicium regalis
vel imperialis curiae vel alterius cujuscunque super qua-
cunque causa criminali vel civili trahi possit invitus,
sed conquaerentes de ipsis coram praefato archiepiscopo
vel suis judicibus suam justitiam prosequentur, nisi for-
tassis contingeret per dictum Archiepiscopum et ejus
judices dictis conquaerentibus justitiam denegari . . . .[1])

Auch das Münzrecht in allen Orten seines Gebietes
besass Trier[2]) in der Weise, wie es die Goldene Bulle
enthält.

In ganz auffallender Weise treten jedoch die Befug-
nisse des Erzkanzleramtes der drei geistlichen Kurfürsten
zurück, welches in der Goldenen Bulle fast nur noch
ein leerer Titel mit einigen ceremoniellen Vorrechten an
Hoftagen ist. Das Recht der Erneuung und Absetzung

und seinen Nachfolgern ersten Sitz, Stimme und Unterschrift wegen des
Erzkanzleramtes zuerkannte: Quod venerabilis Gerhardus, sanctae
Moguntinensis sedis archipiscopus, sacri imperii per
Germaniam Archicancellarius, suique post eum successores in ordine et honore processionis, sessionis, nomi-
nationis et scripturae ratione Archicancellarii per Germaniam, inter principes esse debent et locari priores
non obstante, quod in decreto Electionis nostrae nuper ab illustribus
Allemanniae principibus celebratae supradictae supradictus Gerhardus Archiepiscopus ordine praepostero seu turbato post
venerabilem Boemundum Treverensem Archiepiscopum
tam scriptura quam figura positus invenitor, per errorem
facti, quem in hac parte scienter damnamus, ne trahatur
ad consequenciam ullo modo. Lünig, Reichsarchiv XVI, S. 45

[1]) Hontheim, Historia Trevirenis diplom II, S. 118. Reg. Karoli
No. 270. Widerruflich war dieses Privileg an Trier schon von
Heinrich VII. verliehen worden (31. Dezember 1310), dauernd erst am
2. Dezember 1314 (Hontheim II, 91).

[2]) Reg. Karoli IV. No. 6741. Köln hatte das Recht noch in
8 anderen Orten, ausser Köln erhalten, Reg. Karoli IV., No. 1687.

der Hotkanzler und Notare, welches ihnen zustand,
haben sie unter Karl IV. wohl nie ausgeübt, und das
neue Reichsgesetz erwähnt davon gar nichts. Wohl
heisst es in der Bestätigungsurkunde aller Privilegien
von Trier (26. Nov. 1346):[1])

Item declarando et innovando volumus et confirmamus, ut quotienscunque contigerit, nos et successores
nostros imperatores seu reges intrare terminos archicancellariae archiepiscopi Trevirensis, videlicet terminos
regni Arelatensis aut Galliae, custodiam sigillorum
nostrorum jura, redditus et proventus archicancellariae
praedictae, necnon decimam de sturis, exactionibus et
obventionibus Judaeorum et alia, quae de curia imperiali
vel regia in eiusdem terminis intuitu eiusdem cancellariae
cedent et cedere consueverunt, percipere et habere
debeat cum omnibus insigniis huius modi dignitatis et
specialiter in cancellario, protonotario et notariis insti-
tuendis et destituendis, quando et quociens voluerit in
aula imperiali seu regali, qui sibi loco et vice nostri pro
reverentia et oboedientia et fidelitate debita observandis
faciunt juramentum.

Aus demselben Jahre jedoch stammt eine Urkunde
des Erzbischofs von Trier,[2]) worin er bekundet, dass er
trotz der Anerkennung Karls IV. auf seine Kanzlerrechte
zu Lebzeiten desselben insofern verzichtet, als er aus
besonderer Freundschaft zum Kaiser in der Ein- und
Absetzung der Beamten nichts ohne sein Wissen und
seine Zustimmung thun wolle, mit dem Vorbehalt, dass
die erwähnten Beamten ihm die Siegel übergeben und
die hergebrachte Treue schwören sollten. In der
Goldenen Bulle jedoch sind, wie schon erwähnt, alle
übrigen Rechte von Belang unberücksichtigt geblieben ;
nur die Siegelübergabe an feierlichen Hoftagen hat im
27. Cap. Aufnahme gefunden.

Schliesslich bleibt noch die Frage zu erledigen
ob die beiden Formulare in Cap. 18. und 19.
sich an den Wortlaut ähnlicher, bei früheren Gelegen-
heiten dieser Art verfasster Schreiben anlehnen. Es

---

[1]) Die auf der vorigen Seite in Anmerkung 1 genannte Urkunde
Karls IV. Reg. No 270.
[2]) Reg. Karoli IV., Reichssachen No. 653.

sind uns solche Schriftstücke erhalten von den Jahren 1314, 1346 und 1348, von denen die Schreiben von 1314 und 1348 ziemlich gleiche Gedanken und Formen wie das oben angeführte 18. Cap. enthalten. Es sei deshalb der Wortlaut der Einladung vom Jahre 1314 hier angeführt:[1])

Venerabili in Christo patri domino Baldewino, Trevirensis ecclesiae archiepiscopo, sacri imperii per Galliam archicancellario, Petrus dei gratia sanctae Moguntinae sedis archipiscopus, ciusdem sacri imperii per Germaniam archicancellarius sincerum animum complacendi. Cum ad nos tamquam ad sacri imperii archicancellarium ipso sacro imperio vacante in praesenti pertineat convocare in electione futuri Romani regis jus habentes; nos vobiscum et cum iisdem principibus coelectoribus nostris, qui praesentes fuerunt et cum procuratoribus eorum, qui venire non poterant, apud villam Rense tractatu praehabito diligenti, et de hoc instanter per vos et per eosdem requisiti, pro communi bono et re publica gubernanda, crastinum diem beati Lucae Evangelistae proximum ad eligendum in Frankinfurt futurum Romanorum regem in imperatorem postea promovendum ex officii nostri debito assignandum duximus et praesentibus assignamus. Quos diem et locum vobis tenore praesentium intimamus, ut ad praedictae electionis solempnia, sicut ad vos pertinet, veniatis. Datum apud praedictam villam Rense anno Domini MCCCXIV in die beati Bonifacii martyris.

Es sei hier noch der Schluss einer Einladung vom 30. Dezember 1348 mitgeteilt,[2]) welcher den gleichen Gedanken wie das Ende des 18. Cap. enthält: s i v e v e n e r i t i s, s i v e n o n, n o s n i c h i l o m i n u s c u m a l i i s p r i n c i p i b u s e l e c t o r i b u s ibidem convenientibus a d p r a e m i s s a. in quantum de jure poterimus, f i r m i t e r p r o c e d e m u s n u l l i u s a b s e n t i a s e u n e g l i g e n c i a i n h a c p a r t e a l i q u a t i n u s o b s i s t e n t e.

---

[1]) Hontheim, histor. Trevir. II, 89.
[2]) Würdtwein, Subsidia diplomatica VI., S. 253.

Auch ein procuratorium[1]) möge hier seine Stelle finden, um zu beweisen, dass die Goldene Bulle auch hierin bereits stehend gewordene Formeln gebraucht:

Noverint universi, quorum interest et qui sua crediderint interesse, quod, cum nos Rudolfus Def gratia dux Saxoniae . . . . . ., tractatibus habendis super electione futuri regis, quae nunc incumbit, causis necessariis et legitimis praepediti nequeamus personaliter interesse, reverendum in Christo patrem et dominum Johannem venerabilem Episcopum Argentinensem et nobiles viros Ottonem, comitem de Straczberg, et Ottonem, dominum de Ohssenstein, ex certa scientia nostros facimus, ordinamus et constituimus procuratores in solidum et negociorum gestores, dantes et concedentes eis et cuilibet eorum, ita quod non sit melior conditio occupantis, et quod unus vel duo aut omnes incepit vel inceperunt, alter vel eorum duo perficere possint, plenam et liberam potestatem cum conprincipibus nostris tractandi super Electione futuri regis conveniendi tam de termino quam de loco, quando et ubi futuri Regis sit electio celebranda, contradicendi et opponendi quicquid viderint expedire necnon omnia et singula faciendi, quae veris procuratoribus vel negociorum gestoribus in praemissis vel quolibet praemissorum a lege vel canone sunt concessa, eciam quae mandatum quantumcunque exigunt speciale. Promittimusque per praesentes, nos gratum et ratum habituros, quicquid per ipsos duos vel unum eorum, actum vel ordinatum fuerit in praemissis seu quolibet praemissorum.

Aus dem Wortlaut dieser Formulare ergiebt sich, dass die Goldene Bulle, wenn auch mit einigen Veränderungen in Form und Ausdruck, sich sowohl in der Einladung, als auch in dem procuratorium an die bereits übliche Art und Weise derartiger Schriftstücke angeschlossen hat. In das Einladungsschreiben hat sie neben dem Termin der Wahl auch den wichtigen Satz ange-

---

[1]) Olenschlager, Staatsgeschichte, U. B. S. 60. Kursächsische Vollmacht zu den Präliminarwahlen zu Rense im Jahre 1314

nommen, dass die Verhandlungen auch ohne die Anwesenheit oder Vertretung des Kurfürsten, an welchen die Einladung gerade gerichtet ist, vor sich gehen würde. Ganz besonders tritt aber diese Anlehnung an frühere derartige Schriftstücke bei dem Prokuratorium hervor; hier hat sie unter Aufnahme des römischen Rechtssatzes, „quod non sit melior condicio occupantis" die unbedingte Vollmacht des einzelnen wie der Gesamtheit der kurfürstlichen Bevollmächtigten mit dem angeführten kursächsischen Prokuratorium gemeinsam, zugleich mit der Verpflichtung des betreffenden Kurfürsten, alle Schritte seiner Gesandten, auch solche, deren Ausführung ein Spezialmandat erforderte, für ebenso gültig zu erklären, als wenn sie von ihm persönlich vollzogen wären.

## II. Untersuchung über die Abfassung der Goldenen Bulle.

Eine der schwierigsten Fragen, welche die Besprechung der Goldenen Bulle aufwirft, ist die Frage nach der Art und Weise, in der sie abgefasst worden ist, und wen man als ihren Verfasser zu betrachten hat. Leider ist uns über die Entstehung dieses so wichtigen Reichsgesetzes fast gar keine Nachricht erhalten, und der Historiker ist genötigt, sich aus den wenigen Andeutungen, welche das Gesetz selbst giebt, ein Bild über den Entstehungsprozess desselben zu verschaffen.

Am 25. November 1356 kam der Kaiser in Nürnberg an, wo sich bereits eine grosse Anzahl von Fürsten, Herren und städtischen Abgeordneten eingefunden hatten ;[1] nur die geistlichen Kurfürsten fehlten noch, „ohne die der König nichts thun wollte."[2] Es scheint, als ob der Kaiser den versammelten Fürsten und Gesandten in einer Art Thronrede seine Pläne für den diesmaligen Reichstag entwickelt habe, und zwar sind es folgende Punkte, welche er hervorhob: Regelung des Münzwesens, Minderung der Zölle und Geleite, Landfrieden und ferner die Regelung der Königswahl nach dem Prinzip der Majorität, um hierdurch in Zukunft Streitigkeiten im Reiche zu vermeiden.[3] Es ist nun offenbar nicht richtig, wenn Harnack sagt,[4] behufs Ermöglichung einer Reform lag zunächst für den Kaiser die Notwendigkeit vor, zu bestimmen, wer überhaupt als Kurfürst zu gelten habe; wenige Zeilen darauf fährt er selbst fort, „dass die Goldene Bulle die-

---

[1] Präsenzliste bei Werunsky, Geschichte Kaiser Karls IV. und seine Zeit. Band III (die Jahre 1855—58 behandelnd) S. 118, Anm. 2.

[2] Schreiben des Strassburger Boten in Olenschlager, Neue Erläuterung, U. B. S. 2.

[3] cf. jenes eben citierte Schreiben des Strassburger Boten.

[4] Harnack, Geschichte des Kurfürstenkollegiums S 142.

selben als allgemein bekannt voraussetzt". Es hiesse
auch den Zweck dieses Reichsgesetzes verkennen, wenn
man ihm überhaupt eine Regelung der Kurstimmen nach
den verschiedenen Linien der einzelnen Kurhäuser unter-
schieben wollte. Es nimmt vielmehr die vier weltlichen
Kurstimmen, wie sie nach altem Herkommen genannt
werden, theoretisch auf. Wer dagegen augenblicklicher
Besitzer des Kurrechtes sein soll, wird für die Gegenwart
gar nicht berücksichtigt; nur um für die Zukunft Streitigkeiten zu vermeiden, werden Bestimmungen über die
Erbfolge gegeben. Überdies hatte der Kaiser diese
streitigen Fragen bereits entschieden; für die Rheinpfalz
war schon am 22. Mai 1354[1]) bestimmt worden, dass
Ruprecht der Ältere als Erbe der Pfalz der rechte Kurfürst
sei; für Sachsen war Herzog Rudolf I. am 24. August 1355
zum[2]) Kurfürsten erklärt worden, sodass es sich bei
ihnen nur noch um die Anerkennung seitens der übrigen
Kurfürsten handeln konnte. Diese erfolgte aber im
Vergleich zu dem Publikationsdatum der Goldenen Bulle
so spät, dass bis dahin das ganze Gesetz längst durchberaten sein musste: für die Pfalz am 7. Januar 1356,[3])
für Sachsen den 2., 8. und 9. Januar,[4]) für Brandenburg,
welchem ebenfalls noch die kurfürstliche Anerkennung
fehlte, am 7. Januar,[5]) wobei es sehr charakteristisch ist,
dass Rudolf von Sachsen als Kurfürst zeichnet, obwohl
die Bestätigungsurkunden für ihn von Trier, Brandenburg
und Köln erst am 8. und 9. Januar gegeben sind.

So ergiebt sich denn, dass diese Verhandlungen
neben der Beratung über die Gesetze hergingen, und
dass die Kurfürsten, ohne als solche schon offiziell von
allen anerkannt zu sein, doch als Fürsten dieses Ranges
an den Verhandlungen teilnahmen. Wie diese nun ver-
laufen sind, und in welcher Zeit die einzelnen Gesetzes-
materien zur Beratung gelangten, darüber fehlt uns jede

---

[1]) Huber, Reg. Karoli IV. No. 1857.
[2]) In dem oben erwähnten Aufsatz von Theodor Lindner: „Die
Goldene Bulle und ihre Originalausfertigungen" (Mitteilungen des
Instituts für österreichische Geschichtsforschung) Bd. V. S. 118—120.
[3]) Reg. Karoli IV. No. 2380.
[4]) Harnack, S. 143
[5]) Reg. Rs. No. 257.

Nachricht; denn Datierungen der Verhandlungen über
die einzelnen Teile nach den gleichzeitigen Urkunden
sind belanglos, da das Ausstellungsdatum einer dies-
bezüglichen Urkunde nur in sehr losem Zusammenhange
mit der Zeit der Beratung selbst steht. Mithin sind derartige Versuche sehr unsicher und schliesslich, je nach
den verschiedenen Ausgangspunkten, sehr verschieden
in ihren Resultaten.

Während also über das „Wann" der einzelnen Verhandlungen gänzliche Unklarheit herrscht, giebt die
Goldene Bulle wenigstens einige Anhalte punkte darüber
wie dieselben etwa vor sich gegangen sein mögen.

Vergleicht man nämlich die vorhandenen Originalausfertigungen der Goldenen Bulle miteinander, so zeigen
sie in ihrem Text einerseits eine grosse Anzahl von
Abweichungen, andererseits aber äusserst auffallende
Übereinstimmungen. Die Verschiedenheiten[1]) mögen
allerdings in mehreren Fällen auf Nachlässigkeiten und
Schreibfehlern beruhen, aber eine grosse Zahl von ihnen
lässt sich auf diese Weise nicht erklären. Hier liegt es
offenbar näher, daran zu denken, dass den Kurfürsten
von der kaiserlichen Kanzlei ein Entwurf vorgelegt wurde,
welcher als Grundlage für die Verhandlungen diente.
Dass nun bei der Beratung so wichtiger Gegenstände
Veränderungen der ursprünglichen Vorlage eintraten,
ist leicht erklärlich, ebenso, dass diese Abweichungen
von den einzelnen Räten mit verschiedener Sorgfalt
nachgetragen wurden. Am sorgfältigsten arbeitete
natürlich der kaiserliche Kanzler, und so zeigt denn sein
Exemplar, welches offenbar in der Böhmischen Ausfertigung erhalten ist, die meisten Abweichungen von
den Texten der übrigen kurfürstlichen Ausfertigungen.
Diese sind ebenfalls nur die Reinschriften des von kurfürstlichen Räten mit ungleicher Sorgfalt verbesserten
Entwurfes. Lassen sich also die Abweichungen der
einzelnen Originalausfertigungen am besten durch die
Annahme eines Entwurfes erklären, so machen die er-

---

[1]) cf. Das ausführliche Lesartenverzeichniss in der oben citierten
Abhandlung von Lindner. S. 102 und 108.

wähnten Übereinstimmungen diese Annahme geradezu notwendig. Sämtliche Handschriften enthalten nämlich durchgehend eine Reihe von Fehlern, welche bei einem Schriftstück unerklärlich wären, das nur auf Grund persönlicher Verhandlung entstanden sein sollte. So fehlt z. B. im 3. Cap., Zeile 15 in allen Handschriften ausser einer einzigen, nämlich dem Trierer Exemplare, das Wort „materiae", ohne welches das ganze Satzgefüge unverständlich ist; aber auch diese eine Handschrift hat das Wort nur als spätere Verbesserung am Rande. Im 11. Cap., Seite 61 von Zeile 6 an, ist ein ganzer Satz durch den Gebrauch des Nominativs anstatt des dorthin gehörigen Akkusativs in Verwirrung gebracht. Im 15. Cap. (S. 64, Zeile 1) fehlt in allen Handschriften das „non" in dem jetzt verbesserten Texte: eisdem dominis nominatim n o n exceptis, wodurch der Sinn dieses Verbotes in das keineswegs beabsichtigte Gegenteil verwandelt wird. Ausser diesen grammatischen und stilistischen Verstössen findet sich auch, sogar zweimal wiederkehrend, ein geographischer Fehler, nämlich die Anführung des Namens „Bruneck" in den Geleitsbestimmungen für Böhmen, Sachsen und Brandenburg. Dieser Name kommt zwar in den entsprechenden Gegenden vor, und mehrere Urkunden zeugen für die Existenz eines solchen Geschlechtes.[1]) Wenn man aber die Wege der einzelnen Kurfürsten auf der Karte verfolgt, so kommt man zu der Überzeugung, dass für Bruneck die Grafschaft Rieneck gemeint ist, welche die Bistümer Mainz und Würzburg, sowohl nördlich, als auch südlich des Mains von einander trennt, und somit auf dem graden Wege von dem einen zum anderen notwendig durchkreuzt werden musste. Wenn diese Geleitsbestimmungen erst in Nürnberg schriftlich fixiert worden wären, würde man diesen Fehler, welcher einem Landesherren ein ihm eigentlich nicht zukommende Verpflichtung auferlegt, schwerlich übersehen haben, zumal ja Nürnberg nicht allzuweit von dem in Frage stehenden Gebiete entfernt ist.

---

[1]) Codix diplomaticus Nassoicus ed. Sauer. No. 1816, 2587, 2702, 2741, 3062; auch in Reg. Karoli IV., Zeugenverzeichniss S. 672.

Alle diese Fehler und Irrtümer lassen sich nur dadurch, dass sie in dem ursprünglichen Entwurfe gestanden haben und so in alle Reinschriften gelangt sind, erklären; denn wäre der Wortlaut dieses Gesetzes in seinem vollen Umfange erst in Nürnberg, unter Beihülfe der Kurfürsten und ihrer Räte entstanden, so müssten sie doch wenigstens in der einen oder anderen Handschrift vermieden sein. Lange Zeit hat man den Text der Nürnberger Beschlüsse in 5 Satzungen eingeteilt[1]) was neuerdings wiederum Friedjung in dem im 1. Teile citierten Buche über Karl IV. aufnimmt. Harnack erklärt sich entschieden gegen diese Einteilung,[2]) und doch kann man dieselbe nicht als ganz. unbegründet zurückweisen. Diese 5 Satzungen, nämlich Cap. 1 und 2, 3—6, 7—11, 12—19 und 20—23, treten dadurch hervor, dass sie alle mit einer Arenga beginnen, welche bald feierlicher, bald einfacher gehalten ist. Besonders scharf hebt sich der Anfang der sogenannten 2. Satzung ab, welche mit ausserordentlicher Feierlichkeit eingeleitet wird, sodass sie beinahe als selbständige Urkunde ausgeschieden werden könnte. Harnack sucht dies dadurch zu erklären, dass er annimmt, „man habe förmliche Urkunden mit anderen Reichsschlüssen und Bestimmungen successive je nach der Zeit ihrer Approbation ohne weitere Umarbeitung und Redaktion zusammengestellt.“ Freilich kann er hierfür keinen stichhaltigen Beweis geben; denn seine Bemerkung, dass die einzelnen Arengen bisweilen nicht zu den weiteren in der betreffenden Satzung enthaltenen Kapiteln passten, ist nicht schlagend; entspricht doch die Einleitung der Goldenen Bulle selbst nur teilweise dem folgenden Inhalt und gehört doch zu dem ganzen Gesetze. Allerdings geht es auch zu weit, wenn Friedjung[3]) behauptet, dass die einzelnen Satzungen alle erst für sich abgefasst seien und zwar als vollständige Urkunden, deren Protokolle dann weggelassen seien mit Ausnahme der Einleitung zur ersten Satzung, welche

---

[1]) Die öfter citierte „Neue Erläuterung“ von Olenschlager ist nach Satzungen eingeteilt.
[2]) Geschichte des Kurfürstenkollegiums. S. 174 und 176.
[3]) Kaiser Karl IV. und sein Anteil am geistigen Leben seiner Zeit. S. 86.

man dann an die Spitze des ganzen Gesetzes gestellt
habe. Das Proömium wäre doch wohl für die erste
Satzung allein etwas zu lang und pathetisch; ferner passen
auch die Worte, welche über die Art und Weise der
Publikation sprechen, nicht zu dieser Ansicht; aus ihnen
geht vielmehr hervor, dass die Einleitung erst nach der
Beratung und Ausarbeitung der Nürnberger Beschlüsse
abgefasst worden ist. Ein weiterer Grund gegen diese
Ansicht liegt auch in der Ursprünglichkeit der Kapitel-
einteilung, welche sich schon im böhmischen Exemplar,
also in der ältesten Ausfertigung findet. Irgend welcher
Schluss auf die Entstehung der Nürnberger Beschlüsse
lässt sich aus der Annahme solcher Satzungen überhaupt
nicht ziehen; im allgemeinen sollen diese Arengen nur
den Anfang eines neuen Abschnittes bezeichnen, wie
dies besonders scharf im 3. Cap. hervortritt, welches
nach der Beendigung der Vorschriften für den eigentlichen Wahlakt im 2. Cap. den wichtigen Abschnitt über
die kurfürstlichen Rechte einleitet.

Das Ende des ursprünglichen Entwurfes wird durch
das 18. und 19. Cap. gegeben, wie aus Cap. 1, § 15
hervorgeht, wo es ausdrücklich heisst, dass die Formulare
zur Einladung „in fine praesentis libri', zu finden seien,
sodass also die Kapitel 20—23 als ein Nachtrag zu betrachten sind, welcher erst in Nürnberg hinzugefügt wurde.

Dieser Entwurf wurde also in der Reihenfolge seiner
Kapitel durchberaten und dabei mancherlei Änderungen
unterworfen; wie weit dieselben gehen, lässt sich
absolut nicht nachweisen. Ebenso schwer lässt sich eine
sichere Behauptung über die Beteiligung der Fürsten
an der Beratung aufstellen; denn die Goldene Bulle
spricht nur von dem „consilium" der Kurfürsten und
erwähnt die übrigen Fürsten und Anwesenden nur zu-
zusammen mit dem Begriffe der „curia", wie dies besonders scharf im 12. Cap. hervortritt: in solempni cu ria
nostra in Nuremberg cum venerabilibus ecclesiasticis
et illustribus secularibus principibus electoribus et multis
aliis principibus et proceribus per nostram celsi-
tudinem celebrata, aber: habita cum eisdem
principibus electoribus deliberatione et de
ipsorum consilio pro bono et salute communi cum

dictis principibus clectoribus tam ecclesiasticis
quam secularibus duximus ordinandum quod . . . . . .
Auch im 1. Cap. wird in den Worten „in solempni curia
nostra Nurembergensi assedentibus nobis omnibus
principibus clectoribus ecclesiasticis et secularibus et aliorum principum comitum baronum
procerum nobilium et civitatum multitudine
numcrosa in solio majcstatis cesaree imperialibus infulis
insigniis et diademate decorati matura deliberatione . . . . . .
edidimus statuimus et duximus sanccien das" nur
von der feierlichsn Publikation der Nürnberger Beschlüsse
gesprochen, welche „habita deliberatione" und unter
Anwesenheit aller hier genannten Personen vor sich ging,
ohne dass ihnen ausser den sonst genannten Kurfürsten
ein Anteil an der vorher abgehaltenen Beratung zugestanden wird. Neben den Kurfürsten tritt allein der
Kaiser als beschliessende Gewalt auf vermöge seiner
„kaiserlichen Machtvollkommenheit" (de imperialis pleni-
tudine potestatis;[1]) zieht man also noch weitere Kreise
zur Beratung hinzu, so begiebt man sich auf das Feld
grundloser Vermutungen. Als die Beratung beendigt
war, wurde nach dem Manuskript des kaiserlichen Kanzlers
eine Reinschrift angefertigt, und diese an dem offenbar
nach der Feststellung · des Wortlautes vereinbarten
Datum,[2]) dem 10. Januar 1356, feierlich publiziert.

Was nun die Entstehung des zweiten Teiles der
Goldenen Bulle, welcher in Metz publizirt wurde, an-
geht, so lässt sich fast noch weniger sagen, als vom
ersten Teil. Höchstwahrscheinlich wurde auch hier den
Kurfürsten wiederum ein Entwurf vorgelegt, wie ver-
schiedene Textentstellungen in allen Handschriften beweisen.[3]) Nämlich im 24. Cap. § 11 steht überall nach
ut an Stelle des richtigen possit ein durchaus unmög-
liches posse; im 31. Cap. (S. 75, Zeile 1) findet sich
überall der sinnlose Text: ut relinquatur opcioni parentum
in filios . . . . . ad loca dirigunt, wofür entschieden zu
lesen ist: ut oder quod filios . . . ad loca dirigant.

---

[1]) Cap. I, III, VIII, XVI (selbst in diesem, für die Städle so
wichtigen Capitel werden nur die Kurfürsten neben dem Kaiser erwähnt!)
[2]) Theodor Lindner in dem citierten Aufsatz. S. 108.
[3]) Derselbe, S. 115.

Offenbar späterer Nachtrag ist die Überschrift dieses Teiles: infrascripte leges u. s. w., welche sich in keinem kurfürstlichen Exemplar ausser dem Mainzer Exemplar findet, das sie auch nur als Nachtrag aufgenommen hat. Da sie absolut keinen urkundlichen Stil besitzt, kann man sie nur als historische Notiz betrachten, welche vor dem Jahre 1366 entstanden sein muss, da sie in das in diesem Jahre geschriebene Frankfurter Exemplar Aufnahme gefunden hat.[1]

Da diese Beschlüsse zum grossen Teil Ergänzungen der Nürnberger Publikationen sind, welche den Kurfürsten nur Nutzen bringen konnten, so wird schwerlich irgend welcher Widerstand zu beseitigen gewesen sein. So wurden diese Metzer[2] Gesetze zusammen mit den Nürnberger am 25. December 1356 veröffentlicht.

Ebenso schwer zu untersuchen und zu entscheiden ist die Frage nach dem oder richtiger den Verfassern der Goldenen Bulle; denn auch hier wird jeder Teil einzeln zu betrachten sein, da sich die Nürnberger Gesetze von den Metzer Beschlüssen in ihrem Stile stark unterscheiden. Während nämlich der erste Teil an manchen Stellen eine ungeheure Periodisierung und Weitläufigkeit zeigt,[3] ist der 2. Teil bei aller Genauigkeit des Ausdruckes in einer viel einfacheren Sprache verfasst, wobei freilich von dem 24. Cap. abgesehen werden muss, welches, wie oben nachgewiesen, fast wörtlich dem römischen Rechte entnommen ist.

---

[1] Derselbe, S. 113.

[2] cfr. Jansen im historischen Jahrbericht 1895, S. 687. „Eine chronikalische Erwähnung der Goldenen Bulle". In der Chronik der Levold v. Northof heisst es:
Ibi (nämlich in Metz) fecit publicari diversas constitutiones per ipsum editas, multum utiles, inter quas erat una, quae ponit remedium contra diffidationes fraudulentas . . . . . . sub hoc tenore: In nomine sanctae et individuae trinitatis, amen. Karolus quartus divina favente clementia Romanorum imperator et Bohemiae rex semper Augustus ad perpetuam rei memoriam. Post haec praemissis quibusdam constitutionibus sub hoc titulo „de diffidationibus" sequitur. Diese Notiz beweist, dass auch die Nürnberger Gesetze noch einmal publiciert worden sind.

[3] cfr. besonders Cap. I, § 1 u. 2, III, VIII, IX, XI, XIX u. XX.

Die einen, wie Friedjung, Jakoby, Detto[1]) lassen
diese Frage ganz offen, indem sie auf den Kaiser selbst
als den eigentlichen geistigen Urheber hinweisen. Andere,
wie Goldast, nehmen den Bartolus von Saxoferata als
Autor an, während Olenschlager in seinem Commentar
zur Goldenen Bulle[2]) den Rudolf von Friedberg, welcher
auch in Metz zugegen war, für den Verfasser des ganzen
Reichsgesetzes hält. Er stützt sich in seiner Annahme
darauf, dass man diesen schon sehr früh mit der Goldenen Bulle in Verbindung gebracht habe; allein eine
solche Vermutung ist noch kein Beweis. Auch die Annahme, dass Bartolus der Schöpfer dieses Reichsgesetzes
sei, ruht auf sehr schwachen Füssen; denn wenn ihn
auch Karl IV. am 19. Mai 1355[3]) zu seinem Rate an-
nahm, so liegt, wie Harnack richtig bemerkt, einem
italienischen Juristen die Kenntnis des deutschen Staats-
und Gewohnheitsrechtes zu fern, als dass er sich an
einer Codifikation desselben in der Art und Weise der
Goldenen Bulle hätte beteiligen können.

Die grösste Wahrscheinlichkeit hat die Annahme für
sich, welche in Johann von Neumarkt den Verfasser,
wenigstens des ersten Teiles des neuen Reichsgesetzes sieht.
Dieser Johann von Neumarkt war die Seele der Kanzlei
Karls IV. in jener Zeit und zeigt auch in seinem Stile
auffallende Ähnlichkeit mit demjenigen der Goldenen
Bulle. Sehr richtig charakterisiert ihn von dieser Seite
Friedjung.[4]) „Seine Eigentümlichkeit besteht in einer
Häufung von bildlichen Ausdrücken, in einem Haschen
nach glänzenden Wendungen, einer endlosen Perioden-
gliederung. Sein Ideal war offenbar, dass der Sinn so
versteckt wie möglich hinter der Fülle der Rhetorik her-
vorscheine. Er hat es verstanden mit einem einzigen
Gedanken für ein langatmiges Schriftstück auszukommen."

---

[1]) Friedjung in seinem oben citierten Buche über Karl IV., Jakoby
in seinem gleichfalls S. 13, Anm. 2 citierten Aufsatz im XIII. Bande
der Zeitschrift für die gesammte Staatswissenschaft, Tübingen; Detto
in einem Gymnasialprogramm aus Wittstock 1872: Entstehung und Bedeutung der Goldenen Bulle.
[2]) Olenschlager, Neue Erläuterung S. 390.
[3]) Regesta Karoli IV. No. 2129.
[4]) S. 111.

(cfr. cap. 8, 11 und 19 der Goldenen Bulle.) Ferner: „Der Stil Johanns von Neumarkt ist vielleicht die weiteste Abirrung der mittelalterlichen Latinität vom Geiste der Klassiker."[1]) Auch diese Charakteristik passt vortrefflich auf die Goldene Bulle. Seine Lust an bildlichen Ausdrücken zeigt sich glänzend in dem Proömium, in welchem neben biblischen Gedanken die menschlichen Leidenschaften wie der Stolz, Schwelgerei, Zorn und Neid als persönliche Wesen hingestellt werden. Überdies finden sich in der Summa Cancellariae Karoli IV.[2]) viele Stellen, welche an die Goldene Bulle anklingen; So z. B. No. 152, eine Urkunde über die Einverleibung einer Stadt an Böhmen:

Inter alias rei publicae curas, quibus ex injunctae nobis cesareae sollicitudinis officio mens nostra frequenter pro subditorum nostrorum salute hincinde distrahitur, praecipue nobis illud existit . . . . cf. cap. 12 der Goldenen Bulle:

Inter illas multiplices rei publicae curas, quibus assidue mens nostra distrahitur . . . . oder Cap. 7:

Inter sollicitudines illas innumeras, quibus pro felici statu sacri imperii . . . . . cor nostrum cotidie fatigatur; so auch in Summa Cancellariae No. 214: inter alias gloriosas rei publicae curas . . . , kurz der Anfang mit den Sorgen und Geschäften des Staatslebens ist bei ihm sehr beliebt. Dazu kommt in der oben angeführten Urkunde No. 152 ein riesiger Periodenbau, Klausulierungen bis ins Kleinste; ferner starker Gebrauch des auch im ersten Teil der Goldenen Bulle reichlich verwendeten necnon für et. Alle diese Eigenschaften wiederholen sich in der oben citierten Sammlung bald stärker, bald schwächer; am meisten jedoch tritt seine Sucht nach glänzenden Wendungen da hervor, wo er möglichst feierlich erscheinen will. (cf. No. 158 der Cancellaria, Belehnungsurkunde.) So zeigt sich auch der erste Teil der Goldenen Bulle als ein echtes Werk des Johann von Neumarkt, welcher bei diesem so wichtigen

---

[1]) cfr. Conrad Burdach in der Seite 12, Anm. 1 citierten Abhandlung; auch er hält Johann von Neumarkt für den Verfasser.

[2]) Summa cancellariae Karoli IV. ed. Tadra.

Schriftstück glaubte, alle Mittel seiner Schreibweise in Anwendung bringen zu müssen.

Wer freilich den zweiten Teil der Goldenen Bulle verfasst hat, lässt sich mit Sicherheit nicht entscheiden; jedenfalls aber muss es eine Persönlichkeit gewesen sein, welche das römische Recht gut kannte, wie das 24. Cap. beweist. Nicht zu bestreiten ist natürlich, dass hinter dem ganzen Gesetz Karls IV. gesetzgeberischer und organisatorischer Geist zu erkennen ist. „Er wollte dem Reiche eine feste Ordnung geben, indem er eine allgemein gültige Zusammenfassung wichtiger Gesetze gab; daher bezeichnet die Goldene Bulle eine neue Periode der deutschen Reichsgesetzgebung, deren Grundlage sie geblieben ist, so lange es überhaupt ein heiliges „Römisches Reich" gab. Der Grundgedanke ist eben, alle Anstösse zur Zwietracht zu beseitigen und den öffentlichen Frieden zu sichern." So bezeichnet Lindner[1]) völlig treffend die Absichten Karls bei diesem Akt der Gesetzgebung, während Jakoby gänzlich ungerechtfertigter Weise meint[2]), dass Eigennutz, Gier, die Macht seines Hauses zu vergrössern und zu befestigen und Böhmen zum Mittelpunkt derselben zu machen, die Triebfedern seines Handelns gewesen seien.

---

[1]) S. Theodor Lindner, Geschichte des deutschen Reiches unter der Habsburgern und Luxemburgern Band II., S. 54 und 55.
[2]) In dem oben citierten Aufsatz: Die Goldene Bulle Karls IV. etc., Zeitschrift für die gesamte Staatswissenschaft Band XIII.

# Vita.

Natus sum Georg Eugen Reimann in urbe, cui nomen est Hirschberg sub montibus Giganteis, die vicesimo sexto Januarii huius saeculi LXXIV patre Henrico, quem morte mihi ereptum valde lugeo, matre Augusta e gente Rudolph. Fidem profiteor evangelicam. Gymnasiis Reichenbach, Schweidnitz, Hirschberg frequentatis atque vere anni h. s. LXXXXIII maturitatis testimonio ablato, duo semestria Vratislaviae, deinde septem semestria in academia Halensi cum Vitebergensi consociata studiis theologicis, historicis, philologicis me dedi.

Docuerunt me viri doctissimi Vratislaviae: Arnold, Kaufmann, Kittel, Koch, Semrau, Wilken, Wrede. .

Halae: Beyschlag, Burdach, Dittenberger, Droysen, Erdmann, Ewald, Haupt, Haym, de Heinemann, Ihm, Kautzsch, Köstlin, Lindner, Ed. Meyer, Rothstein, Sommerlad, Strauch, Vaihinger, Wissowa.

Exercitationibus suis seminariis, ut interessem, mihi concesserunt:

Droysen, Haym, Lindner, Ed. Meyer.

proseminariis: Burdach, Wissowa.

Inter quos plurima debeo Theodoro Lindner, qui tam auxilio quam consilio, liberaliter me semper adiuvit; sed etiam, quid reliquis meis praeceptoribus debeam, velut Droysen, Ed. Meyer, Haym, nunquam profecto obliviscar.